金大崛起

魔法校長李金振

李福井　著

李金振的金屬太武山

鄭愁予

　　「金聲玉振」是李金振校長的學名釋義，而我看做這是歷史的迴聲響自金屬的太武山，所謂金屬：一、金湯永固的金門所屬；二、太武山一度覆蓋金屬的砲彈殼，它的內部又經由金屬的十字鎬、鴨頭鑱，一鎬一鎬，一鑱一鑱挖造出擎天的指揮中心；這金屬無非象徵人類可剛可柔的卓絕精神，便也象徵了金門建立第一所大學的艱苦過程。時代造就奇蹟如金門的戰地建設，也造就人物如李金振校長。

　　開始讀到他幼小時在戰地存活的狀況令人心惻，他初入學就連三次留級幾乎走進永久失學的絕境；當他還停留在懵懂時期，看似渾拙，卻是好動和常發奇想，這是外向性格的長處，確定這個孩子並非傻子。他自知學習不好，做游走小販幫助家計，為了省公車錢，乘軍車發生車禍，清醒後卻奇蹟般地從死神手上撞通了心竅，取回了學習的能力。這看似偶然卻又是必然，他選坐軍車因為他節儉，有責任感，不怕冒險犯難，這是勤勞的本性，同時反映了家庭雖艱困卻充滿溫暖，所以也是他孝思的根源，這也幫助他日後進入初中漸入佳境的性格力量。這個小小傳奇，具有普世的教育意義，感謝他的家長為天下的家長立下典範。對學習有偏差的孩子，要從信任上逐步進入行為的調整，前途便會是平坦的了。

　　然而李家的不幸令人心憂，一家之長的父親在中年棄世。金振少年失怙，需立即協助單親分擔養家的勞務：賣地瓜，剝海蚵，做著勞動

時間最長而收入最低的小販，好在他天生有擺脫困境的創意本領，譬如欠學校伙食費過久，無能負擔，被校長當眾驅離餐廳，便與同學合夥去搭軍隊伙食，兩份餐量，五個人坐在道旁食用充飢，然而這些戰地少年的士氣仍是很高的。李金振幸而不缺兄姊的濟助，終能溫暖地完成中學。此後，他筋骨已勞，意志已堅，很明智地選擇進入國立師範大學，本著步步踏實，憑藉要求每一細節趨於完善的作法，順利取得學位。他自幼年時養成做許多一般人覺得「事不關己」的義工式工作，像在會議場合「義務端茶水」使他博得信任，這包括台大時期遇到的李國鼎政務委員，對他的學業有很大的助益。在成大時期與校長吳京很是相得，之後吳京調任教育部長，李金振曾以統計數字指出有關大學聯招的缺失，吳京以教育家的觀點與敏銳欣賞到李金振與自己有著同樣對教育「出點子」的能耐，就建議他回家鄉去辦學，這給了他很高的信心。那時要在金門創辦高校直如登天梯摘星星一樣，但當天機來臨，李金振明智地抉擇了個人的取捨，便帶著信心，把自幼存蓄在胸中應對困境的經驗，轉化成創新進取的決心，步上艱辛的辦學之路。

在此書中從第四章起始，從他歷述建校過程的轉折及成就，可以看到他歷經了突圍、錯失、應變、面官、挫折、自強、橫阻等等險關，甚至有「驀然的驚喜」來到也要應付，就像懸疑的連續劇一樣。直到第十一章終於看到他實現了建立一所「完全大學」的夢想。至此，他才從

自己的「校長筆記」中引述「有為的定義四則」，告訴我們成功的要訣
應該是：1.意志力 2.有思想 3.有勇氣 4.有自覺。這四則各附了解說，都
是「進取型」的辦事執行力，雖然讀起來很日常，並不蘇格拉底，但足
供讀者揣摩，細究，並且若設身處地想一想，這從無中生有（有為），
從不明方向的八卦陣圖中找出生門，完成「不可能完成的任務」，是全
靠他由赤手跣足的努力中得來的執行力。迨日漸進入戰略的高層次，
則與他的學術修養從孫文哲思獲致的理念和感情息息相關了（後文詳
述），同時他的進境也獲益自有知遇之恩的長者的導引，使他不自覺地
在心內蓄存了與人相處的友善與尊重。這種「無為私」的特點，不時出
現並協助他的執行力，應該可以附加在他「有為的定義四則」的後面叫
做「無為而為所以有成」的定義罷！請看：

1.「幽默感」：他對校務發展是抱持著前瞻觀的，具有國際視野
的，願景是與金門全境結成一體進而提升到人類歷史觀的文化高度。由
於在李校長這樣前衛精神衝鋒的「抱負」之下，一些建議的想法不免受
到保守同仁的誤讀，而轉成隱形的對抗。（我願在後文「他所秉持的孫
文學說之認知中」闡解原委）幸而李校長的「幽默感」未使隱憂浮現，
所謂幽默感就是對他人的尊重。鑑諸李校長的內心情態，是來自他幼年
時受到各方呵護而得來對人的信任。那麼對人的信任加上對人的尊重，
最得力的表達方式就是幽默感了。

2.「同理心」：另一點我觀察到的是他時刻以自然的「同理心」看對他人。舉個例，他對企業界、教育界、媒體人士來訪，便儘量施展口才，宣介金門大學以滿足對方好奇的需求。而對同事或屬下總是坐下來輕鬆傾談，談公事放鬆壓力，是以同理心取得共識的小小法門。這同理心可以說是他除了外向的努力之外似乎還注重內功的修持呢。

3.「果決力」：還有一點是他具有立即的判斷與果決力，並且反映在行動上，我相信這是識人辨物的特殊能力，也可以稱之為勇氣型的「神來之筆」罷。

當我讀罷第十二章，我靜默地闔起冊頁，我的心情晦暗起來了，而不免懷疑生命悲喜的反諷性。自忖就算是剛讀了聖經「使徒行傳」的一節罷！我該從神傷含淚的靜默中說出我的祝福了。使徒傳達的「使命」是使世人篤信有愛才有真的生命；親情的愛就是倫理，博愛就是濟世，對凡人來說這兩份愛是一生使命完成的夢想。李金振完成了濟世愛的夢想，至於夫妻的情愛，請看他妻子在金門大學掛牌典禮的進行中遞給丈夫一張紙條，寫著「因為你老實，當初才嫁給你」！紙條上那個「嫁」字，就是他們夫妻「愛」的起點，也就是兩人共有夢想完成的共同記號，這早於金大建校之前數十年。在這一使命上，李金振與陳麗媛已享受了夫妻共同奮鬥的羅曼情懷，而李校長的老實展現在為公的時候，卻生成眷顧愛妻不周的遺憾，兩度麗媛病發住院，不巧他正率隊在南洋募

款。他們完成愛的使命期間雖嫌短促和婉轉，但更為集中的輻射光度不是更強更美麼？另一份在李金振生命中無可取代的親情愛——母愛，他決定選擇回鄉辦學，使他在自立以後就念念在茲的盡孝之思得以如願，這十三年膝省晨昏，躬飴扶持，報恩母愛則是越長越好，他做到了。

從第十三章及第十四章中，李金振帶我們看到金門之外的另一個更大的金門，方圓千里，興業百年，這些金門的後裔幾乎是金門現居民人口的20倍，當喜聞故土建立首創的大學，直覺這不止是一所學府，而確已受敬重成為海外金門人的精神廟堂。從主要的南洋地帶，馬來西亞、新加坡、印度尼西亞、顯赫的企業家族以及金融世代，捐輸巨額款項，打造建築群的硬體金身，領養四所學院軟體的永續發展，使搖籃期的娃娃一下子穿上戎裝，踢起正步向前邁進了。這一成就是李校長統合學校同仁的智慧，結合金門縣政府和議會的支持，施出全力以赴的精神再輔以深情的姿態而獲致的。

第十五章和第十六章是使我會心微笑又擊節稱慶的一段歷史紀錄，是金門大學建校史上最有創意的章節之一；金門是特殊的歷史舞台，事件的演出總有戲劇性，而這一次的主角明星是總統馬英九，導演正是半隱幕後臨時執行任務的李金振校長，他乘著主角在機場與縣長午餐的當兒，使這個場所立即轉為小舞台，首先呈上裝框好了的馬英九青年時在金門參加戰鬥營的紀念照引起他的注意，同時帶著申請金大增設護理

系的申請書，這份金門社會急需的計畫，盼望能面請總統簽字支持才有機會早日實現。因為這是公事，需要簡單交談，必須等候恰當時機之來臨。剛好金門鎮石鎮長步上「舞台」請馬總統在紀念照上簽名留念，啊！機不可失，李校長便在台上拿著申請書用情理兼備而簡短的一句台詞向總統申訴，然後問：「您看好不好呀？」馬英九迅速反應肯定地說「好啊」！李校長轉頭便借了石鎮長的筆遞到馬總統的手上。瞬間在金門的歷史大舞台的一隅小舞台上演出了這個「簽名」的戲碼。顯示了李金振「有為四則」的作用，他事先已將細節周全地策畫妥了，有屬於學術紀律範圍的手法；又有臨場祭出急智與權變，突如其來用非常戲劇性的手法：「借筆」！這動作讓馬總統感覺率真而親切，又可以為以後再有求助減少疑竇罷。那麼就把這臺戲碼取名為「借筆」罷！

　　一切其實都是憑靠努力，堅持四則，善抓機柄，沒有魔幻，談不上什麼自然而然。李金振說：「水到渠成？哪裡會輪到我們！」中華民國大學高校之廣設，已是眾所周知，經常有改升校制或成立院系的要求，教育部掌握一大堆法令大多是等著申請批准的，他在金門技術學院時期，用最敏銳的機智，因應法令，綠燈一亮就要加油通過，不允許錯失任何過關的契機，真是關關難過關關要過。硬體建設還可以籌款用錢打造實物，升格大學後首先要對外展示優秀的教授陣容，對內的需求要表現高而實用的課程質素，於是他設定了總體戰略：從借助大學法提供

的項目開端，把教學的複雜性和精確性轉化成可行性，他提示同仁做好每一課程的教學計劃，又用通俗的比喻鼓勵同仁：「金大的老師都是主角，每一門課都是招牌菜，要能說出箇中的美味和營養。」迨看到第十六章末尾，任何人都會開心，先是看到馬總統送了大禮，贈100員教師名額給金大，這可能使金大在升格後十倍增加的人事費用可以稍獲紓解；卻未料只給編制不帶餉，不盡又失望了，便有抱怨者說：「為善不卒！」；然而李校長還是用了他的幽默感抱持樂觀力排眾怨：「為善不卒還是善，總不是惡」。實際上這一百顆花生雖然剝開了沒有仁，他卻認真地說：「在編制上得到了鼓勵，產生了先邁一隻腳的作用」，這又是施出幽默和樂觀的法寶。

關於開闢金門成為大學島之議，李金振很早就到大陸的大學城參觀過。帶回利弊的研究理念。我初到金門獲得的第一波靈感，就是倡議打造金門成一個大學島，很快在報端發表了專文《金門和她的大學》。我提出以美國紐約上州一色佳城的康乃爾大學與綺色佳學院為具體實例。嗣後我訪問了廣東珠海等三個大學城，在金大做了演講及放映了幻燈。可李金振校長就像他定的校訓那樣，用另一種方式展露「兼善天下」的情懷，與台海兩岸多所大學結盟，給了盟友許多方便，在台灣目前已結有十七所姊妹大學。我有幸已訪問過其中十二座校園做了訪問，最近兩座是高雄應用科技大學及中正大學，也都寫了交誼的詩章致贈。在各校

交流時，獲知金門大學在台灣學子間的名聲響亮，金門島的魅力則是台灣任何城市所不及。而李金振校長的傳奇也在許多校長口中傳頌，絕對可以拍成影片。上集可從古寧頭戰役槍砲聲做背景音樂之下開鏡，而止於帝舜禪位給大禹所唱的《帝載歌》最後兩句的男女聲合唱。不過倒數第二行的「菁華已竭，褰裳去之」應改正為「菁華仍盛，褰裳去之」。至於下集，就等恭請李金振主持的「金門發展智庫」（倡議階段）懸匾典禮的時候再開鏡了。

　　再寫下去我不能不點出我寫這篇序文關注的中心，是前文提及李金振實學實用孫文思想成為建設的教科書。由於他是專研三民主義學術的，那麼哲學根源必然基於孫文思想，這可涵蓋了東西方兩個文明體系。首先東方華夏文明從3000年前，直到民國肇建之後的軍閥割據。孫文服膺唯一的政治宗旨是和平，從禮記「世界大同」到自己的遺囑「和平、奮鬥、救中國」都是如此。至於西方文明在孫文的哲思中，是以宗教、經濟、科學為主軸，而以社會的平權為私淑的信仰。這包括古希臘、羅馬的人文思想經由聖經、大憲章（1215）、文藝復興（14-16世紀）、社會契約（1762）、美國獨立（1774）、啟蒙運動（17-18世紀）、工業革命（18世紀）、林肯蓋茲堡演說（1863）、馬克思資本論（1867）、列寧主義（20世紀初）等等。這一切都是孫文思想的有機構成，無疑地都像藥材一樣，經過細緻研磨成為一劑仙藥融入李金振的碩

士和博士論文中，發散為思維的能量。而建國大綱、建國方略、發展實業的各種構想，更成為他創校時據以實踐的法則——他之所以成為一位苦幹善心的校長，是一位創意掛帥的創業者，因為他先是一位有所傳承的思想家！他總是在琢磨如何在「寒風中點火」的技法為大眾取暖，這是他自童年養成的刻苦奮鬥，產生走出困境的企圖，暗合了孫中山被尊為國父之前經歷十次未成功的革命。因此我願再度貼上先前說的話：「李金振對校務發展是抱持著前瞻觀的，具有國際視野的，願景是與金門全境結成一體進而提升到人類歷史觀的文化高度」。在這個高度下，我鄭重地提示讀者，李金振的創校奇蹟不止是「現在人」看得到，「將來人」也會一代一代地記在心頭。

　　說到此處，我們理解他必會對他的家鄉金門這座有超級經濟發展機會和具有人類文化價值永存的地標，構想弘遠的策略。我想先打住片刻，待我回想我與李校長傾談這類題旨時候的一些趣事。

　　憶及我在2005年於金城鎮落實鄉愁，在落籍的「迎親會」上，李炷烽縣長贈我榮譽縣民，我的鄉愁於是開了花。適李金振校長在場，我們彼此謙和交談，但他卻在一瞬間拿出聘書，邀我參與「金門技術學院」的建設團隊，啊！這是鄉愁結了果嗎？我直覺他是某一領域的工程師，是一位有特質的人物在打造金門的大學哪！這必會成為歷史的典範呢！那時我已接受了港大客座教授的聘請，就答應明年或後年回鄉罷！

但等不及提早來金門技術學院報到了，常有機會在李校長辦公室會見訪客，喝茶談述一些金大的發展，他總是把他「宏願」的新版本暢述出來。我們也泛論金門（Quemoy）在國際化的前景上，可以走得多寬多遠。2010年，國立金門技術學院升格為國立金門大學，李金振的國際觀英文校名不用Kinmen，屬意使用National Quemoy University，一來Quemoy是閩南語發音，二來我們極易在網上讀到英文著作，附有大量的照片，譬如記述93砲戰網上的《台灣海峽首次危機》以及記述舉世震驚的823戰役的新作《冷戰的前線島》，（2008年牛津大學出版，作者Michael Szonyi）。Quemoy這個金門島在1960年美國大選，總統候選人尼克遜與甘迺迪第三次電視辯論是四次辯論中最激烈的一次，尼克遜扳回一城就是指責甘迺迪忽視防衛金門引起國人的支持。在823戰役期間及之後，全球主流媒體無不追蹤Quemoy戰局動向，有的專家認為Quemoy是美蘇冷戰的前線測驗，或說是毛澤東測驗美國對使用原子武器的態度。所以全球有知識的人也都記得Quemoy的傳奇。我們金門文化局於2006年赴柏林交流的代表團，就親身體驗了德國人對Quemoy的敬意。李金振主張使用這個在地理與歷史上知名度全高的Universal名詞，是為金門大學國際化在五大洲升旗。

　　我們曾談到「金門技術學院」應具有動人的校史淵源，李校長不需要引經據典，便很自然地請出浯洲金門的學聖朱熹，請他老人家回座在

他的燕南書院，連續三個朝代承接下來三所書院，到金門大學的教育就回溯到八百年前，這可早於牛津大學十多年。這期間造就的四十四位進士老校友，難以數計的科舉士子，用人文之光耀照亮了金門紅土而被稱為「海濱鄒魯」。這是金大驕傲的學術靈魂，我據此為現代的學子撰了校歌，在典儀篇頭四句這樣唱著：「僑鄉古浯洲／海濱稱鄒魯／燕南啟道／建我新學府……」。

　　他對校務發展是抱持著前瞻觀的，具有國際視野的，願景是與金門全境結成一體進而提升到人類歷史觀的文化高度。因為現在居民貧富懸殊的問題較不嚴重，使之經過未來生活品質的改善，有實力在年均收入上領先全中國。三民主義中無論那條主義，最終目標只是要實現民生主義的兩項主旨：「平均地權，節制資本」！貧富不均的程度減到只顯現在「消閒選擇」的差異上，而不是在銀行存款、有價證券、房地產的多寡上，那麼在全國的統計數字上才會顯現出年均收入的提升。所以一個理想的金門榜樣，也就為國家奠下了和平的基礎。（一個國家的內爭消除了，還有甚麼外侮敢找上門來？）再者，金門現在保存完整的戰地設施，是目前全球獨一無二的戰爭遺產，這是人類最想要理解的「人類狀況」，未來可發展為世界頂級的觀光熱點迨無疑問。當然，如果目標是放在成為高文明的環保島，達成零碳，李金振與我都同意，金門在十年之內就可以成就，今年出生的娃娃，那時才上小學四年級。李校長出

生成長在農村，他的宿願就是保持金門十九世紀的田園風格，在這個考量下，他提出了一系列的「建島方略」，譬如他主張環島輕軌電車之修建，這在我第一年閩南文化研究所的課上，曾是學生的田野作業。再如政府補助汰換燒油車改駛電動車的限年計劃，以及風力、日光能發電，最使人聽來最動容的是：浚湖填窪，移山填海，他勾劃了地圖，計算了面積，涵蓋暗礁區，查了資料不影響生態，同時防止島外船隻挖掘海砂損及金門岸邊的安全。新生地的幅員廣闊，用途多端，如果興建通往大陸的隧道估計可以縮短1/3的距離，甚至把尚義機場搬過新生地來，讓料羅灣還原她的美麗可以躋身世界最美的沙灘之列。這樣一算，估計市值可達$$$$億罷。

　　然而利用金門超優的經濟地理位置，距離三個全球最大經濟區的中心點：長江三角洲、珠江三角洲加港澳、中國第一大的武漢內陸港，航程都不出120分鐘。使面積略等廈門而人口僅佔廈門3/100的金門，有超特大的空間發展無汙染的金融業與服務業，逐漸發展而成為香港式的金融中心不是不可能的，同時建立教育的大學城就形成產學互濟的天堂。當然，觀光是無煙囪的工業，因為有大學，則音樂廳，藝術館，體育場也就相應而立。同時21世紀節能的綠建築已在世界各地很普遍，可惜在金門近幾年搶建了有好幾百棟樓房不見綠建築的影子，這對田園的金門是莫大的羞辱和創傷。屋主們東一棟，西一棟，就像在紫檀桌上釘

釘子，台灣政黨互咬出的法令不能行使在中華民國福建省，使金門無可奈何。李金振熟悉又喜愛閩厝民居，金門大學的閩風建築群為閩南文化注入新的美學和實用的信心，而鄰居的鄉親們不作此想，還記得校舍初建的時候，有人家建了一棟白色的洋樓立在校舍後方的高地上，很是突兀，走進校園一眼就撞暈，實在與閩式校舍的紅磚極不協調。校長親自拜訪希望屋主改塗接近的顏色，甚至願意由學校負擔，而屋主拒絕了。後來第二學生宿舍加蓋到七層，這個小問題也就沒有了。如今呢，不過五年，鄉親們沾大學的財氣，圍著校舍很親熱地蓋起大樓，當初校地範圍本來不大，有新建築十分誇張俗氣竟然擋在校門一側，不久學生回校連校門都找不到了。環島北路靠近金大校門對街一帶，從平地起大樓約有五六十棟，卻沒有屋主把配合環境美放在心上，更無論當作公民道德來考量。不過李校長也不必痛心失望，金門的空間還是有一些的，閩南研究所的同學曾做田野調查，在輕軌電車經過的路線上，在臨海的軍管區域，尚有多處可能實現「集蟲綠建築」的現代施工地盤，上一節提到的那些「建島方略」中實業計劃，是為全島民眾未來得以實現年均收入冠全國而著想，是與建校精神相符的，是效法孫中山的精神，是博愛的，是奉獻的，是天下為公的……。不過，台灣法令會更進一步扼殺金門剩下的半口氣，一旦軍管土地釋出，誰能擔保這些土地會以「平均地權」國策嘉惠居民？誰能保證官商不勾結，外來怪獸般的以千億計的資

金一口吞噬了金門的夢。

　　這時李金振必須要執起智慧的真正的導演筒了，他不需要「叫醒孫中山先生」，孫先生好生生地活著呢，在金門沒睡啊！在現今的中國大陸更活躍，每日有上百萬萬雙勞動的手，在進行一個又一個海陸空龐然的建設計劃；更有無可計數的頭腦，用方程式，試驗室，計算機一齊在探索蘊藏在「建國方略」的奧秘，何以解讀？這些人都是代代相傳孫中山的後裔，傳承了孫氏中西文明的精華，最重要的是他天下為公的精神。李金振校長是傳承隊伍中最傑出者之一，我衷心祈望，在他卸脫主持金大校務之際，剛好有時間展開為金門推動「建島方略」的大計。我呼籲金門大學接位的新任校長在大學之內成立「金門發展智庫」類似的計劃，不妨就近邀請李金振博士主持。也許福建省政府應該尋求行政功能，把金、馬異於台灣的發展前景列入主要工作中。最合乎長遠發展標的莫若是通過智庫研擬章程在民間組成「金門管理控股公司」，由縣政府官員，議員，轉型結構重組新管理機構：控股公司下設八個子公司，正如李金振一向夢想的，全島土地重劃，分配，依照三民主義精神，資本管理方式，全島既保存傳統閩風又走向最尖端國際現代化，使全島脫胎換骨，年均個人收入不僅居兩岸縣市之冠且與北歐開發國家不相上下。住進綠建築的住宅家家百坪不足為異。濱海摩天之地標高過101使海西仰之彌高。Quemoy成為全球人人想來參訪的神奇島、快樂島。那時

我們將看到湧入的歸人潮，在外鄉的金門的人才都會回鄉為「故鄉」服務而享受天倫之樂，消除必須離居才能得到光耀的歷史隱痛。李金振校長不會或忘他的使命感是要投身承擔，至望對愛金門的我們的推崇頷首笑納。

　　我在1966年國父孫中山100歲生辰紀念寫下《衣缽》一詩，自覺這是「說仁」的作品，已由在去年我寫了《我穿花衫送你行，天國破曉了》追憶詩人紀弦，自覺這是「倡義」的作品。至此自認是對得起眷顧我一世的詩靈了。詩是儒家的教科書，所以我與李校長能從縱談金門，衡論天下之中發現同泉源共視野，原來竟然都是「建島大綱」、「建校方略」的考慮，脫不開孫文學說的思維架構。我在報端發表「驚喜感言」《金門和她的大學》那時我彷彿驟然間得到寫史詩的靈感，卻也感嘆總是在怨天尤人的民風下，還有人怨噬鄭成功伐木造船收復台灣，致使金門飛沙走石。姑不論為甚麼自1661年明鄭軍在料羅灣誓師攻台，1683年清廷終止海遷，直到1949年古寧頭戰役之後國軍才開始在禿島上植樹，從1683到1949其間266年為甚麼金門人不懂種樹？我引一位純血統的金門人李金振校長種樹的樂趣：在一片紅土之上，草莽之間闢出「大學路」，由李校長設計並親身參與勞動，從幼小樹苗經過「十年樹木」而達到今日校園的鬱鬱蒼蒼：計有濕地松、樟樹、相思木、小葉南洋杉、大王椰、榕樹、小葉橄仁、銀華、檸檬桉、櫻花等等；那些樹苗

很多是李校長帶著學生到野外挖來的，還有一株古榕樹是從別人的工地面臨伐去的時候搶救來的；⋯⋯又不忍枝幹受了截肢之苦，請來巧匠將之塑造為立體藝術矗立在校園裡。這時我忽然想要寫史詩了。如果我為金門寫史詩我會寫兩首，一首是寫發生在金門的「文事之最」，一首是寫發生在金門的「武功之最」。

「文事之最」那就是國立金門大學在2010年8月1日正式掛牌，金門大學的成立是金門歷史最重要的人文偉業，李金振校長已在書中有詳盡的記述；我的拙文《金門與她的大學》包含了一小部份。歷史發展方面，燕南啟道是書院的「燕南起步」，現代的則除了這篇序文中包攬的感性情節，和我正在整理的「金大八景」，當然李金振校長必定在內，因為有些景觀是他造的。譬如：冠樓、圓樓、幾何塔、忠禮坊、同壽金壁以及庭園中多處木石與金屬的雕塑。

「武功之最」將是以金門癸未年的海戰為主題。康熙二年，1663年，癸未年10月19日清艦隊數百艘，首領楊富，提督馬得功以及施琅快艇160艘，聯合荷蘭17艘夾板巨艦，火砲440門，兵員2,563名⋯⋯這聯合艦隊浩浩蕩蕩攻向金門，趁金門的延平王世子鄭經尚在服喪，兩國聯合組成史上最強的海上兵力奇襲金門。鄭經與金門浦邊人周全斌以20艘炬艦（砲艇）迎敵，先是擊傷並擄獲清旗艦，楊富棄艦逃跑。再擊提督座艦只剩二、三人，提督馬得功投海自殺。鄭、周轉攻荷蘭巨艦，文件

說：「這一場惡戰從上午辰時戰到日斜」明鄭以寡敵眾，20艘艦一無所失，最重要的事是荷蘭放棄與清廷約定再度收服台灣恢復殖民的統治。這是歷史上發生在金門最激烈的戰役，擊退當時全球最強大的荷蘭艦隊，確實因勝利挽救了台灣的失陷。這是金門的「武功之最」，徵顯了民族魂，為之大書特書是我的本分。而金門未察被降清漢人有意隱瞞的史實，這癸未海戰是金門人打的，是榮耀的民族勝利，建紀念館昭示永遠則是金門人的本分了。也可以得到教育的含意。

　　如今，一片閩南歐風的黌宮樓宇在花木蔥籠中正流響著青春的弦歌，李金振抉擇的燕南智慧，「艱苦卓絕」四個字還仍是他前半生的寫照。在這篇序言裡，希望我的觀察與記憶能經由拙筆略述對他未來的期許。

　　　　　　　　　　　　　耶魯大學終身在校詩人　鄭愁予　謹誌

我的老戰友李金振

吳清基

　　國立金門大學之誕生，我親身參與。國立金門大學之崛起，我與有榮焉。

　　猶記得17年前國立高雄科技學院(國立高雄應用科技大學的前身)金門分部創設前夕。當時，我正好任職教育部技職司司長，第一次與李金振校長通電話時，是奉吳京部長指示，將金門籌設大學之構想告知服務於國立成功大學的金門子弟李金振主任秘書，並舉澎湖海專模式說明金門分部的遠景。按吳京部長之所以極力推薦，主要是想借重他在成大優異的執行力。尤其，能衣錦還鄉服務鄉梓，對他來說應是人生一大光彩，可以光宗耀祖。不久，李金振校長與其夫人討論後欣然接下這項不被看好的苦差事。這也成為往後17年長期抗戰的起跑點。

　　從答應接下金門分部主任的那一刻起，李金振校長就像是上緊了發條似的拼命衝向火線：分部主任兩任幹完，改當學院校長；學院兩任校長屆滿，改當大學校長。這期間，我先後任職教育部技職司司長、常務次長、政務次長、部長等職。其間，雖曾轉任行政院第六組(教育文化組)組長、台北市政府教育局局長、副市長等職。惟工作性質相近，並經常保持聯繫，所以不影響我對金門大學之關懷與了解。

　　李金振校長和我個人一樣，都是在窮困家庭長大的，從小學就開始半工半讀，在刻苦耐勞中培養其服務的人生觀。也自然地養成「吃苦像吃補」的價值取向。其謙恭的態度和樂觀奮進的精神，令人印象深刻。

金門縣地處離島，是偏鄉中的偏鄉，也被教育部評為教育優先區。由於路途遙遠，尤其，務必搭飛機始能抵達的離島金門，本以為每次見面後要等很久才能再次見面，豈知李金振校長每週台北教育部、高雄校本部、以及金門分部等兩岸三「部」往返奔波，因此，對教育部各司處同仁而言，李金振校長倒是一個最熟悉、至為親切的工作伙伴，部內處處可見他的身影。十多年來，校務不分大小、經費不論多寡，李金振校長莫不親力親為。

　　對金門這座彈丸小島來說，當時的構想是，能先設一所二專的分部，提供當地青年升學的機會，已經非常難能可貴。按教育部的立場，當初旨在照顧離島偏鄉高中職畢業生，讓他們有繼續升學、進修的管道，而不是為國內增添一所綜合大學。然而，李金振校長似乎不這麼想，不以此為滿足。乃不斷想方設法拉攏各方資源，厚植其發展基礎。並以最積極的態度、透過各種途徑，奔走教育部、行政院、總統府等上級主管機關，力求政策解套。

　　機會是優先提供給準備好的人。金大創校過程並非一帆風順，其中也經歷過重重艱難險阻。李金振校長憑其善巧逐一化險為夷，從而化阻力為助力，以求逆向成長。以民國99年席捲全球的金融海嘯危機為例。最嚴重的問題就是政府財政短絀，對先天不足的新設大學而言，更是雪上加霜。為因應此突如其來的危機，行政院推出「擴大內需」方案，用

以創造就業機會。乃調查各公立機關之重大工程得提早動工。李金振校長平日就已備妥各棟校舍之規劃設計書，誠養兵千日，用兵一時，掌握了時勢脈動，又掌握了政策需求，於是一口氣提出了六棟建築的新建計畫，也幸運地順利通過審查，並依規定準時動工。這項創舉，將過去13年來校舍興建之嚴重落後一次補足，也印證了「危機就是轉機」不是神話。這些硬體建設也成了目前國立金門大學跳躍式發展的最穩固基礎。

在金門大學的成長過程中，有殊多的突破，實際上已超越舊有的思維和現行制度的框架。由於李金振校長的努力奔走，積極爭取，教育部終於首肯，跳過當初澎湖海專的範例，直接晉升為國立金門技術學院。免掉「專升本」的嚴峻評鑑。為金門大學發展史締造新的紀錄。

想起17年前金門分部誕生伊始，我是教育部技職司司長，4年前金門大學正式掛牌時，我是教育部長。一路走來，我堪稱是看著金門大學長大的「見證人」。

金門大學就是地方殷切期盼下所誕生的產物，承載了無數來自全球各地所有金門人以及各界人士的高度關心與期待。學校的誕生與發展，李金振校長正是最佳的「推手」，他從分部主任到目前校長即將卸任，所有大小校務他都親身參與，沒有李校長的雄才大略與強烈企圖心，就沒有金門大學。甚至對教育部來說，李校長的積極奮進，帶有些許「逼迫」的意味在裡頭。但若是沒有這樣的積極敦促，也一定不會有今日的

金門大學。

　　國立金門大學，確實是一所很獨特的學校。17年來有過太多的唯一與第一。它是我僅見唯一跳過專科學校而直接升格為技術學院的「分部」；也是國內第一所技術學院跳過技職體系，直接轉換跑道、成功地改名為一般大學的案例。此外，還有一點最特殊的地方，讓部內同仁不得不對李校長刮目相看，那就是海外僑領對回歸故鄉金門興建大學所表現的高度熱忱，而且還接二連三地踴躍捐款。同時，當地政府的高度支持，也是國內其他大學所難以望其項背。尤其在部內召開改大最後審查會議時，竟然有縣長與議長聯袂列席表態，令身為部長兼主席的我和所有審查委員們都嘆為觀止。當然，最後在金門縣長李沃士與議長王再生的強力背書之下，教育部終於通過准予改名，於2010年正式改為「國立金門大學」。李金振校長勇於挑戰不可能任務的性格決定了金門大學的高度。所有國內各大學不願意做的嘗試，在李校長的領導下，國立金門大學都勇敢地邁出了它的腳步。

　　因為李金振校長的傻勁，讓金門大學在全國少子化的衝擊和退場聲浪中崛起，締造殊多「前無古人」的歷史紀錄；在校長任內帶領全校師生一起努力將學校由專科改制為學院、再由學院改名為大學，13年內完成三級跳的創校任務，在學術界被譽為「轉身跳投得分」。此外，在師資方面，一次爭取到100個教師員額，幾乎是將全國全年度的教師增額

都給金門大學打包帶回去，直令各大學稱羨不已。另者，在招生方面，誰有本事讓考生放棄大學聯考第一志願？結果是，金門大學做到了！103學年度金大招到一位學測滿級分（75級分）的學生，據悉，該生已錄取台大電機工程學系，最後他選擇了金門大學就讀。令人難以置信的是，17年前的金門大學，彼時的錄取生大多是聯考的落榜生，誰能預料17年後的今天，竟收到一位聯考的榜首。其進步的幅度又再度破表。

　　本書從李金振校長的幼年時代進溯，讓人明白原來他從小即展現積極與永不放棄之人格特質。而書中殊多創校過程的細微處，也讓人明白原來中央政策同意與首肯的背後，其實金門地方政府、在地鄉親、海外僑領、旅台學人與同鄉、國際友人、以及企業家等，已默默地做過如此多的努力。事成並非偶然，成功其來有自。

　　作為一個見證人，金門大學創造的所有奇蹟，我親身參與、親眼目睹。讓奇蹟能在金門實現的靈魂人物李金振校長，他的所有努力我親身領略。在老戰友行將卸任之際，這部書的出版，讓金門大學的創校歷程和與奇蹟再添佳話。我也願意以見證人和參與者的身份再次向各界推薦，推薦這個神奇故事，推薦這所奇蹟般的大學，也推薦這位傳奇校長。

總統府國策顧問　吳清基　謹誌

2014.6.29

李金振校長的傳奇故事

鄭貞銘

　　我常愛說「我的學生李金振」，就好像流行的一句話：「我的朋友胡適之」一樣，代表的是一種榮耀、驕傲與欣慰。

　　李金振就像我的許多傑出學生，如李天任、高信疆、潘健行、陳剛信、李濤、吳章鎔、劉心遠、宋晶宜、洪煌景、葉明德、羅文坤、湯健明、劉安立、張靜濤、廖俊傑、趙俊邁、李博偉、李建榮、周荃、翁重鈞、沈智慧、趙良燕……等一樣，都曾在華岡與我相遇，出社會後在不同領域，各有一片天，各在自己的專業領域上有一番傑出成就；他們代表的是一種成就、一種貢獻、一種國家社會的希望。

　　李金振校長喜歡在許多公開場合喊我為「恩師」，事實上我是非常慚愧的，因為我擔任過金振一年的老師，對他的教育、成長也甚少提供過具體的貢獻，但是他總是不忘懷我們曾有一年的相處，他喊我恩師，那只不過是金振本性中的優良品質而已。

　　當年金振考上文大新聞系，我主持系務時不過廿七、八歲，是當時全國最年輕的系主任，是當時文大創辦人張其昀勇於提攜年輕人的魄力。教到金振這一班是第六屆，我也不過三十幾歲而已。

　　我受教於政大初在台北復校的第一屆新聞系與第六屆新聞所，以後參與張其昀先生創辦文大的草創；兩校都大師如雲，給了我許多啟迪，以後經國先生任行政院長時，派我率領國劇團訪北歐、中南美巡迴演出，遍歷近廿個國家，歷時四個多月；蔣先生以行政院副院長身份那時

兼任經合會（今經建會）主委。

　　透過美國國際總署之邀請，我又到美國訪問三個月，遍遊十一個州，並訪晤許多大師，如美國傳播學之父施蘭姆、美國密蘇里大學新聞學院院長費雪，哥倫比亞大學新聞研究院院長貝克，副院長喻德基；日本新聞學大師小野秀雄，美國南伊大教授朱謙等，使我視野大為拓展，培養了國際觀。

　　金振在文大新聞系，出身清寒，貧苦向學，因私立大學學費昂貴而於次年考取有公費的師大，在如此教育系統下完成最高學位，一步步晉升到國立大學校長地位，這是一項奇蹟。

　　金振在文大雖只受一年教育，但是他念念不忘的是飲水思源，我受大公報張季鸞先生「報恩主義」的思想很深，因此常勉勵學生要知恩、報恩。「懷恩報恩恩不斷，飲水思源源不絕。」

　　金振離文大後一直奮鬥苦學，事實上我們實際的聯繫不多；監委周陽山告訴我之後（周委員原在金大任教）；經取得聯繫，金振喜出望外，立即寫信給我，並邀請我擔任金大講座教授，在金大第一屆開學典禮上演講，為金大寫歷史。

　　金振的優秀品質，在這些年的密切接觸中了解更多，其中最值得稱頌的約有幾點：

　　一、艱奮苦學

由於出身清寒，金門人有善良、純真、樸實的美德；在工作上進取不竭，而在生活上力求簡樸；

　　二、認真不懈

　　在工作時，金振幾乎已達廢寢忘食地步；隨時把握時間，為金大前途竭盡心思；

　　三、持之以恆

　　金振最令人佩服的是他持之以恆的恆心，他每天寫日記，也常寫工作日誌，數十年如一日，如今已累積卅三大冊，書中每一點，都是他的永恆紀錄；

　　四、不恥下問

　　金振隨時問學，不恥下問的精神我也很少見；他怕自己從金門出生而所知有限，所以對每一位知識人他都不恥下問，誠心學習；

　　五、親民愛物

　　金振視學生如己出，有問題隨時接見，隨時解決，讓學生心服口服，頗有當年傅斯年主持台大的精神；而其對校中同仁又有如兄弟們愛護、包容、提攜、與北大蔡元培「兼包並容」的胸襟如出一轍；

　　六、報恩主義

　　對於有恩於他的親人、師長，他一向抱持「報恩」之心，而提攜、

教育過他的老師、長官，他更是一刻不曾忘懷；

七、人緣奇佳

因為金振待人以誠，致人緣奇佳、「得道多助」此之謂也。許多僑領獨捐大半生積蓄給金大，一方面是關心鄉梓，另一方面也是對金振個人人格品質的信任；

八、世界格局

金門雖是一個島嶼，但因地處特殊歷史與地理位置，所以金振對金大前途的思考，有地方特性也有兩岸情懷，更有世界格局，希望把金大經營成世界一流的大學。

金振經營金大，把一個小格局形成為大視野，真是教育界奇蹟，其中不知花費他多少心血，我走遍世界約七八十個國家，參觀研究過不知多少大學，而從未見過如此奇蹟。

但「創業維艱，守成不易」要發揚光大，更有待繼任者關懷、努力與貢獻心力，像金振一樣的「誠心付出」。

像金振這種品質的人，世間少有，金振對教育與金大的貢獻也已彪炳史冊，我希望國家要珍惜這種人才，使他的人格特質與才華，成為國家建設的動力。

振衣千仞崗

李福井

　　童年歲月，我對李金振的印象是模糊的，以致於想不出來他到底長得甚麼模樣。按照年齡來推算，他是1949年尾出生，我是1950年初春出生，我們只相差幾個月而已，小學應該有同過班，應該有同在古寧國小南山分校四櫸頭民房讀書，但是我就記不起他頑皮的模樣。

　　823砲戰前夕在南山的宗祠讀書，李金振的回憶跟我的記憶是差不多的，後廳是高年級在上課，前廳是低年級在上課，老師後廳講課我們前廳也可以聽得到，下課時我們一定有在天井一起打鬧，只是當時已惘然。

　　823之後從金城搬回老家南山村，為了生活我們都要上山下海，常常在山路或者海路都會碰頭；小四之後他父親辭世，經濟頓失了倚靠，每逢耕作的時候，他哥哥就常常來向父親借驟耕田，我還記得他倚在巷口的牆壁上，怯生生不好意思開口的模樣，父親每次沒有推託都借給他。

　　1964年金門率先試辦9年一貫國民義務教育，我們都免試進入金城初中就讀，初二的時候我們都編入了所謂的好班。李金振的個子不高，坐在中段，我的個頭很高，都坐在最後排，那時集中全校的菁英在一班，幾個會讀書的人，考試名列前茅的競爭者，好像李金振還排不上。

　　當年伙食費每月200元，對我們鄉下農家子弟是一筆很大的負擔，因此常常會拖欠，校長允許我們分期繳納，每個禮拜繳50元，我不知道

家裡是不是真的沒有這50元，但是我就是不忍心開口，跟李金振一樣。所以常常會私下彼此問詢：「伙食費繳了沒？」

後來李金振欠繳伙食費被逼得退伙，我們幾個人就聯合向現在雄獅堡的軍隊搭伙，搭兩個人吃5個人，那時李金振的哥哥在金門中學當工友，他負責拎著鍋子去拿飯菜，看到軍隊吃剩的一大鍋白米飯拚命挖，然後躲到金城南門一間民房去用餐。

高中畢業之後，我們一起考上私立文化學院新聞學系，一班六、七十個人，只有我們兩個是金門來的，新生上台自我介紹，同學們知道我們兩個是金門人，都非常的好奇，一直追問：「你們有沒有加分？」

那時退役的考生可以加總分的25%，金門並沒有加分，但是他們不一定相信。我們兩個鄉下土包子，沒有見識，家裡也沒有錢，就這樣在華崗苦熬，同學要郊遊、唱歌表演、開舞會，我們都沒有能力參加，躲得遠遠的，所以在大學時代，我們變成沉默的人。

我們兩人本來要登記住校，不曉得甚麼原因去晚了，學校的床位已滿，我們兩個只得到陽明山的菁山路，租住在一棟閩南式的民房，每天早上走十幾二十分鐘的路到校上課，外省的同學是一掛，他們都很活潑好動，顯示一種文化的優勢；中南部來的本省同學是一掛，相對的持重與保守，我們兩個金門來的像孤鳥，不曉得向誰取暖，只能靜靜的旁觀。

那時金門考上日間部是鳳毛鱗爪，雖然可以稱慶，但是學雜費是一筆沉重的負擔，恐怕要笑笑不出來。當年註冊費一學期3000多元，每月固定開支600元，300元伙食費，150元房屋租金，150元零用。我父親曾典當了一塊蚵田給我作學費，前幾年我才贖了回來。

　　我想李金振的經濟狀況不會比我好，他是忍著痛在讀書，但是他其實已經有了想法，他想要奮力一搏，再給自己一次機會——重考。他是有這個能力的，他的數學本來就不錯，只要再加強英文，就會有機會脫穎而出。

　　我們同住了一年的大通舖，他一邊讀書一邊準備考試，痛苦的靈魂使人能夠惕厲奮發，所以貧窮有時是一種治生的良藥。李金振不忍心再拿家裡的錢，他要靠自己走出一條路，他的目標與毅力在這時已經確立，等到他重考考上台師大公訓學系之後，以下一連串的道路只不過在貫徹目標而已。

　　2006年我回金門之後常常跟他有所接觸，閒談時他常津津樂道創校種種的過程，以及他如何運用心思克服了甚麼困難，達成了甚麼目標，我聽了之後覺得頗為感動，而且認為他很能幹，為金門做了這麼多事情，倘若不把他書寫出來，後人誰明白他的艱辛歷程，以及他治事的苦心呢？

　　因為我們是同時代的人，出身背景一樣，又同村同學，有些事我們都經歷過，有些心路歷程都能相互感知。李金振重考之後，我們就走

上不同的道路，他一路往學術發展——追求卓越，而我成為終身的記者——追求公義、為民喉舌。等到我們都回到金門這塊生身的土地之後，才又有了交集。

這本書從醞釀到寫作，就像電光石火一般，我發揮了記者的本性，利用一個月的時間密集訪談，兩個月的時間振筆疾書，不僅要寫出金門大學的傳奇故事，也希望能寫出兩岸從肅殺交鋒到和平交流的弔詭離奇，以及我們戰後嬰兒潮這一代人的心聲。

金大走過17年了，過程非常的曲折，內容也非常的豐富，要如何穿針引線把她織成一件錦繡，對我來說是一項嚴格的挑戰。創辦一所大學，是一種千載難逢的機遇，問世上幾人能夠呢？

我以歷史的縱深，把金大創校拉高、拉大、拉遠來看，振衣千仞崗，俯仰有餘風，李金振的功勞可以與朱子、胡璉將軍等量齊觀。當金大100年的時候，我們早已不在人世了，後世子孫必能以此瞭解先賢的身影，以及金大創校歷程的苦心孤詣，並且可以從容印證我現在的評價，所謂知人論世，絕不是無聊文人的諛詞。

這本書寫作的過程，內人邱英美女士提供了很多寶貴的意見，也花費很多的心血幫我規劃潤飾；金大助理秘書王詠萱幫忙訪談稿的聽錄繕打，秘書李瑾珊幫忙書稿的校訂整理，讓我減輕很多壓力；而同學吳家箴提供寶貴的老照片，使本書生色不少，在此要一併合十致謝。

目錄

回首驚見硝煙起

首見
回驚
硝煙起

1 戰爭之子

古寧頭大戰前夕，驚恐的村民競相逃難，
李王翠身懷六甲，坐著鴛鴦馬逃回娘家躲避戰火；
這個孩子在娘胎裡就已經歷了戰爭的凶險，
因此他是戰爭之子。

金門，是一座戰爭之島。

1949年紅潮滔天，席捲東南半壁，10月13日大嶝失守了，古寧頭人夜晚站在屋頂上看熱鬧，只見天邊火光閃爍。過不了幾天過山砲就打過來了，雙鯉湖中彈，海泥濺到牆壁，古寧頭人感到事態嚴重，雞飛狗跳。

這時站在古寧頭海岸邊，望著大嶝島海域，只見帆船密布，桅杆林立，有如插香枝一樣密密麻麻的，戰爭一觸即發，山雨欲來風滿樓。

國軍開始強拆房子與門板構築防禦工事，丁壯男子都被抓去清理射界、挖戰壕、挑子彈，情勢日趨緊張。

古寧頭大戰結束後一個月，
李王翠的第七個孩子誕生了

大戰爆發前夕，已有風聲共軍要來進犯，古寧頭人開始避難，用扁擔挑著棉被與衣物，趕緊逃到外鄉投靠親戚，整個村莊人心惶惶；母親李王翠身懷六甲，大腹便便，擔心萬一戰爭爆發沒人接生怎麼辦呢？她的眉頭緊蹙好像打結一樣，不免憂心忡忡。

共軍兵敗被俘，魚貫的押解過程，歷史在這裡停格。

李王翠女士在古寧頭大戰後所生的孩子（右），沒想到成就最大，成為她此生的驕傲。

　　因此，她在丈夫李水院的細心照顧下，以鴛鴦馬代步，走著羊腸小徑，一顛一簸地護送回到娘家湖美中堡避難去了。躲了幾天發現沒甚麼事情，就又回到老家古寧頭南山村了；然而人算不如天算，這一回去剛好碰上震古鑠今的古寧頭大戰。

　　10月25日凌晨，共軍選鋒9,000餘眾，乘著高潮進攻金門，展開一場歷史性的殊死戰。共軍血祭灘頭，全軍覆沒，遭到了解放戰爭以來最大的挫敗。

　　這一役打了短短的56個小時，古寧頭人躲到防空洞裡、床舖底下，三天兩夜不吃不喝，擔驚受怕。

　　這一仗使常勝之師、勢如破竹的共軍吃了敗仗，卻使驚慌失措、常敗之師的國軍打了勝仗。國民政府總算穩住了風雨飄搖的局勢，金門發揮了一陽頂天的功能，古寧頭北山紅土斷崖堪稱現代赤壁，名副其實。

　　11月23日，距古寧頭大戰之後不滿一個月的光景，李王翠的七子呱呱落地了，這個孩子在娘胎裡就已經歷了戰爭的凶險，因此他是戰爭之子。孩子的娘，戰後面對荒寒殘破的村景，抱著驚悚的心情度日，那裡談得上坐甚麼月子呢！孩子的爹就為他取名李金振，寓有金聲而玉振之意。

生於憂患的李金振，他的坎坷人生道路，就從古寧頭的戰役開始，見證著兩岸關係的跌蕩起伏。

戰後兵荒馬亂、民生凋敝，
每天只能喝地瓜湯

　　戰後民生凋敝，兩岸情勢仍然十分嚴峻，為了防止共軍再度進犯，國軍開始加強戰備。村落的房子挖槍眼，鄰近雙鯉湖的村腳也興建碉堡，動員民眾構工，連蒸籠都拿出來挑石頭。

　　在這個兵荒馬亂的時代，軍民相濡以沫，李金振家裡的後廳堂這時駐滿了軍隊，兩邊都是床舖，只留中間一條小走道，這時真箇軍民一家，唇齒相依，呼吸相聞。軍官闖南走北不乏異能之士，巧遇李王翠懷抱中的孩子，相了相面貌說：「這孩子頭很大，將來必有一番作為。」

　　李金振少不更事，他對軍隊最鮮明的記憶，就是每逢吃飯的時候，大門口的石埕上圍成一個一個小圈圈，地板擺著幾盆菜；阿兵哥圍著菜盆蹲著用餐，菜色雖然不佳，卻令村裡的小孩口水直流。那時老百姓比軍隊還苦，個個面有菜色，每天喝地瓜湯，連肚子都填不飽。

李金振出生的老家，毀於823砲火，
只見敗瓦殘垣在向時代作一番告白。

回首驚見硝煙起

1949共軍兵敗古寧頭，9,000餘精銳血祭灘頭，片甲不回，
戰後古寧頭的大門口駐守重兵，一片森嚴景象。

他後來因此得了夜盲症，研判與營養不良有關。

至今李金振的腦海中還有深刻記憶，不時可以回味起小時候軍隊
殘留的菜香，刺激他的味蕾。

兒時不懂事，學軍車倒退嚕，
一不小心掉到井裡去了

這時金門的氣氛緊張，戰爭的陰影仍然像烏雲籠罩上空，揮之不
散。小孩子不懂事，對陌生事物頗為好奇，只知道盡情地玩，舉凡打
陀螺、駛鐵箍、爬樹、跳繩、爬巷道、捉小鳥等不一而足，玩得不亦
樂乎。整個村莊的大小巷子幾乎都玩遍了，他玩的沒得玩了，就向高
難度的冒險挑戰。

李金振童心大起，想出新的玩法，想體會倒著跑的滋味。他每天
看到軍車進出村莊常常要在窄巷倒車調頭，耳濡目染之餘有樣學樣，
就自個兒在大埕學著車子倒退嚕；他雙肘屈在胸前，兩手不停地前後
繞轉，嘴巴發著嘟嘟嘟的聲音在學倒車。

一個不小心，他腳後跟踢到低矮的井沿，一下站不穩，身體往後

仰，就倒栽蔥跌進井裡去了。在這個生死一瞬間，他感覺時間過得特別慢。他一時來不及呼救，胸口揪在一起，心想：「這下完蛋了。」

他的頭部直灌井裡，發出「碰」的一聲巨響，濺起了一片水花。他本能的雙手往下按，頭往上一掙，露出了水面，滿頭滿臉的泥漿水汩汩而流；驚魂甫定，用手擦一擦雙眼，發覺自己居然沒有死！

古寧頭人的習俗，一般都把破盤破碗丟進井中，當水位低的時候，可以產生固泥的作用，水不會蕩漾而渾濁；幸好，這口井是古寧頭挖防空洞時的引流井，沒有這些破盤破碗，所以他的頭部沒有受傷。

這口井水位適中，剛到他脖子。如果水位太淺或者是枯井，他可能會摔死；如果水位太深，他不會游泳，可能也會溺斃。這次倒車落井大難不死，或多或少影響到李金振日後的行事風格：面對開創性的業務，總是先想輸再想贏。

這像古寧頭戰後鄉村的生活條件，李金振掉到井裡，大約就是這樣的年紀。

41

一堆人七嘴八舌，
不知怎麼營救落井的孩子

這時候，只聽到有人驚呼：「ＯＤＡ（台語：黑豬仔）掉到井裡去了，快來救人喔！」ＯＤＡ是他的乳名。

鄰居立即聚攏過來，有人趕緊跑到山上通知他工作中的父母，有人探頭一望，只看到李金振的頭頂露出水面，就安慰他不要亂動，一堆人七嘴八舌地研究怎麼來搶救。

李金振趁著這個空檔，抬頭往上望，領會坐井觀天的感覺，只見小小的一片天空，井口圍著一圈密密麻麻的人頭。

這時有人用繩子垂下一只竹籃，要他爬進去後再把他拉上來，但是他已如驚弓之鳥，害怕竹籃吊到一半又掉下來。他要一個穩當、可靠、自己可以掌握的自救方式。最後，他要鄰居拿樓梯過來。

這裡寄寓著李金振的童年歲月，家人傍晚拿著竹竿，
捉漫天飛舞的蝙蝠，要治夜盲症呢！

樓梯都很短，即使拿來九節的樓梯，放進井中也搆不到井欄。然而他寧願選擇這種方式，努力地爬上梯頂，上頭的人俯身用力一抓，就把他提了上來。

　　他大難不死，是不幸中的大幸，從此不敢再調皮了，但耳朵灌水，因此得了中耳炎；也讓初入學堂的他，度過三年黑暗期。

What lesson did you learn?
冷靜面對危險，尋求自救之道。

　　「ＯＤㄚ掉到井裡去了，快來救人喔！」
　　這時有人用繩子垂下一只竹籃，要他爬進去後再把他拉上來，但是他已如驚弓之鳥，害怕竹籃吊到一半又掉下來。他要一個穩當、可靠、自己可以掌握的自救方式。最後，他要鄰居拿樓梯過來。

2 大隻雞，慢啼

戰爭、貧苦、流離與求生，構成了823戰後的歲月風景，
那一段生活的磨練，成為刻骨銘心的記憶；
少小的李金振就穿梭在這樣的街道叫賣東西，
稚嫩的叫賣聲彷彿還迴盪在空氣中。

吃肝補肝、吃蝙蝠補眼，
就這樣治好了夜盲症

他小時還患有夜盲症，也就是閩南語所謂的「雞目」，一到晚上甚麼都看不見，跟雞隻一樣，兄姊常常促狹，晚餐吃糜粥配豆豉，在黯淡的煤油燈光底下，故意把豆豉蠕蟲挑在他面前，他不疑有它，以為是豆子，順手撿起往嘴裡送，逗的他們大樂。飯後就趴在餐桌睡著了。

那時醫藥不發達，想看醫生談何容易呢！鄉下人相信傳統民俗吃肝補肝、吃心補心、吃腦補腦的觀念。那麼夜盲症晚上看不見，應該要吃甚麼來補呢？答案是蝙蝠晚上能飛，牠的眼睛應該看得見，所以要他吃蝙蝠。（事實上蝙蝠是靠音波在飛）

夏天傍晚，華燈初上，只見大埕上蝙蝠漫天地飛舞，家人就用竹竿去捉打蝙蝠，然後剔去腸泥，和瘦肉一起燉煮給他吃。夜盲症後來真的好了，但到底怎麼治好的，是不是真的因為吃了蝙蝠，他也說不上來！

頑皮被老師關進廂房，
自己找到出路脫險

古寧頭有南山、北山、林厝三個村社，在清朝有萬人社之稱，一向是人丁鼎盛。1955年，李金振已6歲了，就讀古寧頭示範國小南山分班。

那時入學雖不必拜孔子公，但是要在書桌上滾煮熟上色的紅雞蛋，如果滾得既遠且直，就代表聰明會讀書。小孩子一入學就滾紅雞蛋，是一種趣事，也是一種樂事。

李金振滾紅雞蛋有沒有滾得既遠且直，他已經記不起來了，不過他記得小一在南山村一間稱為「四欅頭」的閩南式古厝裡讀書。

有一次老師上課時他鬧頑皮，逗著同學玩遊戲，我捏你鼻子，你捏我鼻子，我捏你左耳，你捏我左耳，逕自在那兒玩個不停，不聽老

古寧頭南山村的李氏宗祠毀於砲火，把在裡面讀書的學童一舉打散，從此天各一方。

師講課。老師一時生氣，就處罰他，把他關進廂房裡，沒想到下課之後老師竟然忘記了。

他在房間裡一直等，舉頭四望，只有從窗隙露出微微的一點亮光，他想起平日聽到的鬼故事，越想越怕，但是也不敢喊叫，只希望趕快下課，老師可以把他放出去。然而他左等右等，就是等不到老師的開門聲。

他從門縫向教室裡張望，發現教室空蕩蕩的，沒有人聲，老師也不在，同學都放學回家去了。他不知該怎麼辦？急中生智，不知哪來的勇氣，他想自己闖一闖，看能不能找到出路。

他忽然發現地下有一個通道，就試著走下去看看，竟然是一個防空洞，出口直通前房，他無意中發現，心裡暗爽：「得救了！」一個人找到了出路，有一種順利脫險的快感。

小一留級了三次，
玩泥巴又被學校退學

後來他轉往南山李氏宗祠讀書，中年級要自己帶課桌椅去學校，書桌擺在學堂，椅頭與凳子放學還得帶回家。他是低年級，後廳老師在教唱歌，他在前廳也跟著哼唱，結果學長還不會唱，他已琅琅上口。然而心有旁鶩的他，代價就是留級。

小學一年級他就留級了三次。1958年823砲戰爆發，他還在放小一的暑假，那時他根本不會讀書。三年來，他每天上學、放學，進出家門都會向母親稟報。母親是一個農婦，目不識丁，在家相夫教子，只要孩子開心讀書就好，哪裡知道他已留級了三次。

　　823砲戰那天下午，他在村郊一塊田野裡工作，小孩子不懂事，一聽到砲聲，還來不及反應，就聽大人說：「共匪在打砲了。」只見砲火聲勢猛烈，大人四處逃命，他也趕緊躲到電線溝裡，後來趁著砲火暫歇，才爬出來逃回家去。

　　連天的砲火籠罩，村莊待不住了，一家人就逃到山上一個俗稱「涵裡」這個地方。涵裡在現今慈湖邊上，背向大陸，挖了土洞，許多村民都逃到那裡。餓了就挖田裡的地瓜野炊，砲彈來了就躲進洞裡，洞口用整捆濕地瓜藤塞住，砲彈的破片碰到地瓜藤，就聽到卡嚓一聲。

　　在山上躲了一陣子，砲火停歇，古寧頭人開始逃難。李金振兄弟一家人就去寄居甫嫁往賢厝的大姊家。大姊金專從小跟著父母務農，古寧頭戰役後，年方12歲，在回外婆家途中，親眼目睹戰場陳屍之慘狀，怵目驚心。大姊長相健美，頗受軍中醫官之鍾情，只因當年民風保守，嫁給「北仔」（外省人）被視為大逆不道，在父母強力反對

民眾躲避猛烈的砲火，不死是萬幸，這張照片紀錄慘遭砲火荼毒，村落民眾的共同生活記憶。

下，無緣成為眷屬。大姊20歲嫁到賢厝，是年發生823砲戰，對娘家前來避難的弟妹照顧得無微不至。那時父母親還留在家裡耕作，偶而挑一擔地瓜過來助炊。

他在賢厝住了一個多月，終不是長久之計，一家人就搬到金城北門租房子住。他當起小販，四處兜售包子、冰棒或油條，賺一點蠅頭小利貼補家計。有一天金城示範中心通知他入學，但是他的成績不好，家中也沒錢，沒有心情讀書。

那一天下著小雨，他跑到學校去，窮極無聊，猛然看到教室盡頭的山牆，是一道白色的水泥牆，猶如一張畫紙，李金振信手從地上捏起一坨泥巴往牆上丟，一圈一圈的泥漬密佈在牆上，雨水就沿著牆壁往下流，他忘神地欣賞自己的天然圖畫，不知道已踩到校規之紅線。

老師發現他在惡作劇，還來不及悔過就被學校退學了。李金振小一曾創三度留級的紀錄，父母親還是不放棄，再度給他機會。但這次的失學，壓力不是來自家裡，而是被學校斷然拒絕。

求職四處碰壁，
只好大街小巷賣包子、碗糕粿

9歲時，李金振無書可讀，就開始想吃頭路，賺一點錢分擔家計。北門有人在灌煤球，他去應徵，然而他個子小，力氣也小，煤球壓不實，一倒叩出來就鬆掉垮掉，老闆把他辭退。

他就去書報社應徵店員。職前父親首先告誡他誠實最重要，有些老闆故意在地上掉個五毛一塊的，讓你早上掃地時發現，看你會不會暗槓。李金振點頭說：「知道了！」直到今天，李金振都謹記父親的教誨：不義之財不可得。

書報社要求員工早晨要送報紙，騎自行車要能一手握把手，一手丟報紙。為了達到應徵的條件，他就去租一輛20英吋以下的腳踏車到運動場猛練習，摔得青一塊紫一塊，最後也沒有獲得老闆錄用。

李金振求職四處碰壁，只有自謀生活再當起小販，遊走金城的大街小巷賣沙螺、包子，賺取微薄的利潤。他發現金城雖然人口多，但

823砲戰，古寧頭南山村飽受砲火摧殘的落彈畫面，
這是從北山瞭望過去的，中間隔著雙鯉湖。

小販也多，購買力更低，生意不那麼好做。

後來賣起一種甜米糕——「碗糕粿」，他轉移陣地到山外。山外是一個新興的街市，鄰近軍事重地太武山，星期假日軍人闖街塞巷，碗糕粿很好銷。他每次一賣完就跳到山外溪戲水，日子過得挺逍遙。

山外離金城有十幾二十公里，若搭公車，則每天賺的蠅頭小利，正好付車資。因此，每次到山外，他都在路邊攔軍車。

從軍車上摔下來，
大難不死、因禍得福，靈魂開竅了

有一次他依例攔下軍用大卡車，矮小的個子攀上車沿，正要跨過護欄之際，軍車突然啟動，扭力加速度向前疾駛。他頓時失去重心，加上脖子上掛著鍋子，裡面裝滿碗糕粿，一邊攀爬一邊還要保護鍋子的安全；說時遲那時快，車尾一甩，便把他硬生生地摔到大馬路上，暈死過去了。

這是李金振僅存的早年照片，父親已辭世，三位姊姊已出嫁，留下
這一張不完整的全家福。中坐者為祖母，立者左起是母親李王翠、
妹妹金玉、弟弟金駿、大哥金猛，右一是金振稚嫩的模樣。

　　他一動也不動地躺在地上，眼睛緊閉，碗糕粿與鍋子摔滿一地，
碗糕粿還在冒煙。軍人一探，發現還有鼻息，就趕緊送往山外衛生院
急救。到新市街道之後，李金振才悠悠醒轉，四腳朝天，頭部順著地
心引力自然下垂，第一眼看到的是倒立的街道，他急忙要找他掛在脖
子上的鍋子。

　　李金振住院治療與留院觀察了一個多月，大難不死，撿回了一條
命；這一摔因禍得福，靈魂從此甦醒，像換了個人似的——開竅了。

　　車禍出院後，1961年兩岸局勢丕變，由不分晝夜的砲火連天，改
為單打雙不打，讓緊繃的戰局稍微喘一口氣。這時的古寧頭人氣已經
渙散，古寧頭示範國小也萎縮成北山國小，南山村人丁寥落，沒有學
校。

　　13歲的李金振跑到北山國小註冊，沒有成績單，沒有學生證，
也沒有學籍，老師看他年齡不小了，要他讀五年級；然而李金振自忖
小一都還沒讀完，怎麼可以讀五年級呢！他沒有這個膽，就說讀五冊
（三年級），巧妙地成了變相的跳級生。

李金振戰後重回學校讀書，顯得格外珍惜，然而民生凋敝，生活困頓，靠著美援的衣物與奶粉、牛油、麥片、麵粉過活，村民常不定期到鄉公所去領救濟品。有一天，李金振穿著鬆垮垮的救濟衣服上學堂，老師看不順眼就叫他上台亮相，對全班同學說：「你們看，他像不像大陸同胞」。從此「大陸同胞」成了他的綽號。

父親積勞成疾與世長辭，
無父何怙，成了孤兒

　　1962年李金振就讀小學四年級，父親李水院生病住院，這時，三位姊姊都出嫁了，照顧父親的責任就完全落在哥哥與他的身上。哥哥是小六的畢業班，功課壓力大，每三週輪到一週，帶著書本到醫院找空檔勤讀。另兩週由李金振包辦，請假逾時，老師李增獅睜一隻眼閉一隻眼。

　　李金振輪值期間除了全心全意照顧父親外，三餐還要幫忙族親廚工打菜端菜到各病房，並幫各病房的電罐（熱水瓶）加開水。飯後，利用父親休息時間，到新市里菜市場買些父親喜歡吃的皮蛋，偶爾買幾條鮮魚託族親煎煮，以提高父親的胃口。晚上，就從會客室搬來一條長椅，睡在病房中，臉和手臂常被蚊子叮成滿天星。

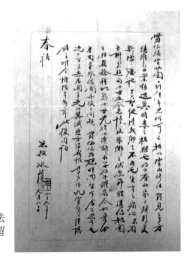

父親李水院是一位書法家，這是他為人代筆留下的墨寶。

父親高血壓，不良於行且影響視覺，李金振為了討父親歡心，就常陪他老人家聊天，講述街道所見所聞，或轉述從書店閱讀的連環圖故事給他聽。父親則為他講解傳統慈烏反哺和羔羊跪乳的故事，親子互動，和樂融融；一度還勾起父親十餘年前遭冤獄的往事，父親描述當時被囚的心境：「田園將蕪，胡不歸？」

後來父親雖無罪釋放，但仍須按時到情治單位報到。父親眼看著李金振精神抖擻、滿懷抱負、積極上進的神情，掩不住內心的隱憂，輕描淡寫地說：「我將不起，恐無法繼續栽培你，你沒福氣。」話沒說完，孩子已泣不成聲。

父親連忙說：「別哭！別哭！這是騙你的，我會好起來。」不料父親竟一病不起，家中支柱倒了，得年54歲。家中的經濟與生活重擔，從此落在寡母與兄弟倆身上。此後李金振就開始半工半讀，利用課餘上山犁田，下海擎海蚵，成為家中生產主力的一份子。

為了升學，
先投靠三姊，後來又轉去投靠二姊

戰後的北山國小一班只有三、五個或十來個，是一個荒落的學校，辦學績效並不好，每年考上金門中學初中部的應屆畢業生頂多一個，多半全軍覆沒。李金振已經小四，父親剛過世，兄長金猛首當其衝，率先自動輟學，把機會留給兩個弟弟。想到將來升學的問題，三姊夫是外省人，比較有遠見，就利用人脈幫他轉學到金城示範中心國小。

三姊夫當時擔任金門中學的人事室主任，微薄的公務員薪資，維持家計已經很辛苦，還得供應內弟讀書，只有更加節約。姊夫租住北門的一間雅房，沒有多餘的房間可以充作客房，同屋的陳素民是幼稚園老師，出借丈夫的一張行軍床，擺在大廳神龕下，李金振晚上便睡在那兒。

陳素民吃剩的飯菜放在桌上，以紗罩覆蓋著，餘香透過紗網裊裊飄出，李金振咂一咂嘴唇，每晚都聞著飯菜的香味，酣然進入夢鄉。

李金振小時讀書，得力於三位姊姊的幫助，中坐者為母親，後立者左起二姊李金柳、大姊李金專、三姊李金珠。

隔天一早7時左右，李金振打井水盥洗，然後背著書包上學去。

三姐夫後來調到金門日報社，其前身為《正氣中華報》，社址座落於北門中興街與珠浦路交會口，街道很窄，寬度約兩公尺，當年823砲戰之後，李金振隨家人遷居北門，常到報社看人家印報紙，順便撿紙屑回家當柴火。轉學不久，報社就遷往成功村，姐夫也隨之搬家了，李金振的落腳處也跟著落空，遂轉而投靠頂后垵的二姊。

二姊夫是一個貧農，家中沒有幾畝地，為了圖一家的溫飽，只得精耕種菜來維持家計。不過他人很慷慨，對於收留失去父親的內弟，供其食宿，倒是欣然歡迎。李金振清晨四、五點上學前，有時尾隨姊夫挑浸泡一整晚的青菜到兵仔市零售，等到天亮才就近從南門走到北門示範中心上學。週一至週六，每天往返於金城和頂后垵之間，一趟約3華里，他跟同學一路說說笑笑，倒也不覺得路途遙遠。星期六下午放學，他就走路回古寧頭老家，跟著母親與哥哥一起上山下海。

上學前陳氏祠堂前擺攤賣地瓜，
扁擔就掛在浯江書院榕樹的枝椏上

星期一天濛濛亮，李金振就從古寧頭家裡，挑著一擔二稱（金門傳統一稱代表10斤）共20斤的地瓜，到金城莒光路陳氏祠堂前擺攤。白心地瓜10斤可以賣8-10塊錢，紅心的只能賣5-7塊錢。他不時抬頭

李金振初中畢業時留下的
身影，這時已經18歲了。
（吳家箴提供）

觀望對面商店屋角的日影，判斷是否應該收攤上學去。然而，眼前滯銷的地瓜令他心急如焚。

同學中有人知道他賣地瓜的難處，常以想吃地瓜為由要求父母去買，甚至有的家長會說，前天買的都還沒有吃完，為什麼又要再買呢？有時賣不完，上課時間快到了，李金振不得不便宜行事，減價出售。

賣完地瓜，李金振挑著兩只空籃子到學校，擺在教室的後邊。班導師擔心影響環境整潔比賽成績，指著兩只破籃子說：「哪個窮光蛋又把籃子拿進教室？」後來李金振改用麵粉袋挑地瓜，賣完了把麵粉袋一收放進抽屜裡，扁擔則掛在隔壁浯江書院榕樹的枝椏上。2006年，浯江書院整修，榕樹面臨移植的命運，李金振念及舊情，將之移至校內四埔林場的草坪上。

當時小學畢業還有升學考，示範中心要求嚴、逼得緊，老師對每一個同學都訂有目標分數。李金振的算術（數學）曾有過連續13次滿分的紀錄，於是就以此分數為標準，少一分打一下，因此，他常常被修理。

老師不打手心，發明打手背，籐條打在手背上，其痛無比；另外抽打大腿，傷痕是東一條西一條，至今記憶深刻。雖然後來聽說可以免試升初中，示範中心作為全縣首善的學校，仍然積極備戰聯考，毫

不懈怠，晚自習用媒油打氣燈權充電燈，集合應屆畢業生溫書。

積欠九個禮拜的伙食費，
要賣多少地瓜與海蚵呢

　　1964年李金振16歲國小畢業，金門是三民主義模範縣，首先試辦九年國民義務教育，開全國的先河。全島的學生除了烈嶼鄉全數保送金門中學外，其餘都集中在新創設的金城初中就讀，開學時負責建造的軍隊還持續在整理環境。

　　金城初中首任校長唐與程，由金城示範中心國小校長榮升而來，江西人，戴著一副金邊眼鏡，五短身材，腆著一個大肚子，像是彌勒佛一樣，每天喳喳呼呼地對學生耳提面命。

　　住校生都包伙，每月伙食費200元，對農家子弟來說負擔不輕，常常繳不起而拖欠。校長也知道學生的困難，有時會找去個別談話，說沒錢繳沒關係，可以分期付款，每週繳50元，或把家中出產的地瓜與蔬菜挑過來作為抵價物。但是按時繳交者寥寥無幾。

　　有一天用餐前夕，校長集合包飯生在操場點名催繳伙食費，點到張三，答：「欠兩個禮拜。」點到李四，答：「欠三個禮拜。」校長就會質問何時繳交，欠繳的同學靦腆地承諾兌現日期，校長立即在清單上逐一登記。

　　當校長點名到李金振時，赫然發現他竟然有9個星期沒有繳錢。

　　校長問他什麼原因，李金振一時羞愧地答不出來。

　　校長再問說：「那你甚麼時候可以繳啊？」

　　李金振更是沉吟著無法應聲，心想9個禮拜超過400塊的伙食費，要賣多少地瓜與海蚵呢！

不忍向母親要錢，被校長逐出餐廳，
李金振轉向軍隊包伙，包兩個人吃五個人

　　自從兩年前父親過世以來，他知道家中經濟負擔重，生活很艱難，今天能夠讀書算是萬幸了。他也知道吃飯要繳伙食費，無意賴

1969年5月2日高二校外教學，訪時任沙中校長的初中導師黃武仁，最頂排右起陳麗珠、陳良慧、李金振，左側最後一位為作者李福井，最前排左一為吳家箴。　　　　　　　　　　　　　　　　　　　　　　（吳家箴提供）

1969年5月2日高二校外教學，在成功村同學家門口拍的照片，這時李金振（左一）假日還在騎腳踏車賣冰棒，右二為作者李福井，前排蹲者左一為吳家箴。　　　　　　　　　　　　　　　　　　　　　　（吳家箴提供）

帳，只是每次一碰到母親，要提出繳伙食費，總是於心不忍，說不出口，所以才會一欠再欠。

校長見他悶不吭聲，又得不到具體的回應，只好無奈地說：「你退伙，現在可以離開了！」

李金振悻悻然的離開隊伍，心想，校長剛剛勒令離開會不會是氣話，然而，又想到未繳伙食費還想進餐廳，被趕出來還不快走？兩相衝突的念頭在李金振腦海裡打轉。

校長在大庭廣眾之下給他這麼難堪，讓他臉面無光，下不了台。他的心情沮喪到極點。只能慢慢走離隊伍，心中還懷抱一線希望，也許校長故意裝腔作勢，給他一點下馬威，應該會再叫他折返。

他一路往前走，快走到廣場的盡頭，仍然等不到校長的呼喚聲，李金振絕望了，這回校長是玩真的了，他的心情跌到谷底。心想，如果父親還在世的話，他也可以跟其他同學一樣按時繳交伙食費。這一餐李金振是餓著肚子。

校長給他這樣重重的一擊，讓他刻骨銘心，更激發他力爭上游的勇氣。這樣苦其心志，勞其筋骨，餓其體膚，難道就是天將降大任於斯人？

What lesson did you learn?
把刻骨銘心的記憶，轉化成力爭上游的勇氣。

校長見他悶不吭聲，忽然變臉，指著他的鼻子，大手一揮：「你馬上給我走！」

李金振悻悻然的離開了，校長在大庭廣眾之下給他難堪，他的心情沮喪到極點。只能繼續往前走，心中還懷抱一線希望，也許校長故意裝腔作勢，給他一點下馬威，應該會再叫他折返。

他一直往前走，快走到廣場的盡頭，仍然等不到校長的呼喚，李金振絕望了，這回校長玩真的了，他的心情跌到谷底。

校長重重的這一擊，讓他刻骨銘心，更激發他力爭上游的勇氣。

李金振被校長逐出了餐廳之後，為了解決民生問題，他別無選擇，只好另謀其他方法，於是轉而向軍隊包伙，一個月250元，包兩人份吃5個人。他找五位同窗分擔，每人每月100元，比學校省50％，但苦於找不到地方用餐。

兩份伙食5個人吃，菜一定不夠，只有拚命把飯打多一點，於是捧著飯菜，悄悄地躲到南門一家公共浴室的騎樓下用餐，望見軍人從旁邊經過，5個正直的同學也許是作賊心虛，還以為是軍方派來突擊檢查的，真是草木皆兵。

採蚵、剝蚵、賣蚵一氣呵成，都賣不到三、四十元

農家子弟，受了生活的煎迫，除了要努力讀書，假日還要上山下海。古寧頭是盛產石蚵的地方，有一句俗諺：「日出看田垾，赤日看鹽垾，日落看蚵都。」蚵都就是蚵田，不論甚麼日子，都有做不完的工作。從這句諺語，可以反映古寧頭人的生活內涵。

李金振談起「擎蚵」（閩南語，用一種鐵器去剝）的經驗，他說清晨四、五點就要到海邊等潮水退潮，賣油條的總是早一步到達現場，有人買了吃，他只有在旁邊猛嚥口水。早起的村民，手持蚵民證，湊足法定人數，暫時蹲在斜坡草叢的避風處等候，不時引領瞭望退潮的進度。因為退潮之後，漲潮接踵而來，工作時間相當短促，有經驗的長輩會判斷下海的時刻。李金振從工作中體會出物極必反的道理，從退潮的殷切期待就想到漲潮的壓力，時間不會暫停。

隆冬時節蚵肥價佳，但也最苦，頂著攝氏四、五度的低溫下海，北風寒颼颼，海水冷冰冰，穿著破棉襖，打著赤腳，涉水到蚵田採收，再用雙手兜著海蚵到畚箕裡淘洗，鮮蚵的殼銳利如刀，又沒有手套可戴，十隻手指頭都凍僵了。

天未亮就下海採蚵，回家還不得閒，趕快剝蚵，以便次日挑去城裡賣，蚵一斤只能賣一塊五至兩塊錢，全家花了兩天的時間，頂多也不過賣個三、四十元而已。

除了採蚵，李金振還要賣蚵。有時天空出現魚肚白，就要挑擔子

1972年李金振（後中）就讀台師大，返鄉省親與母親李王翠（中坐者）及大哥金猛（右一）、弟弟金駿（左一）、妹妹金玉（左前）歡喜合影留下全家福的歷史鏡頭。

李金振（右）1970年考上私立文化學院新聞學系，當年上成功嶺參加大專生寒訓，留下的戎裝照。

就讀台師大，與同學出遊，李金振留下年輕時的身影。

尾隨大人去金城賣蚵。大人健步如飛，李金振在後頭拚命追趕；當爬坡過浦頭山時，他已全身冒汗，氣喘噓噓了，甚至追得肚子痛。

由於海蚵先浸泡吃了一夜的水，挑到金城後需要換水，把濁水放掉改加井水，這樣海蚵看起來才比較新鮮。海蚵採收要動員全家的力量，不但辛苦而且收入微薄，與地瓜同樣不值錢。所以一個月200元伙食費，看似不貴，但對李金振而言，卻是天文數字，這也是他沒敢向母親開口的原因。

高中、大學一帆風順，畢業後婦唱夫隨到長榮女中教書

1967年考取了金門中學高中部，成績漸入佳境，假日李金振就騎著腳踏車去賣冰棒，一村賣過一村，從金門西半島的水頭賣到東半島的西園。導師劉秉堃得知，至為感動，特地提供100元作為獎學金。有一次賣到金沙鎮的洋山，踩到同學張峰德的地盤。張峰德說：「這裡我在賣，不過生意不好唷，我都想到外地去賣了。」張峰德，曾任中正國小校長，現為金鼎國小校長。

高中畢業第一年考上私立文化學院新聞學系，隔年重考，考上

李金振台師大畢業後結婚時留下的儷影。

李金振結婚時與岳父岳母留下喜悅的鏡頭，不料新婚之夜岳父即因高血壓過世，喜事頓時轉成喪事，留下了人生的遺憾。

台師大畢業之後，李金振回到母校金門中學實習一年。次年，轉任台南市長榮女中，在宿舍前雙手抱著長子李宗儒（右）、次子李宗權（左），回首前塵，只覺得逝水流年。

台師大公民訓育學系，從此吃公費，另兼家教，不僅減輕了家中母兄的經濟負擔，而且還可以資助胞弟金駿（現任成功大學新聞中心副主任），來台唸高中。兩人擠在師大學生宿舍一張小床，幸好教官和室友不予計較。

師大畢業之後，與筆友陳麗媛結婚，有情人終成眷屬，是人生追求的目標，可是不幸的事卻發生在同一時間。在新婚之夜，李金振岳父陳山海校長腦溢血猝死，喜事急轉為喪事。守喪期間，岳母蔡圓女士強忍著悲傷，仍催促女兒新婚妻子陳麗媛夫唱婦隨，跟他一起從嘉義回金門。李金振在金門高中擔任實習老師一年，妻子經介紹到金門農工當護士。翌年妻子轉往家鄉台南市私立長榮女中擔任護理教師，李金振配合妻子婦唱夫隨應徵到長榮女中，面臨任教國立金門高中與私立長榮女中之抉擇。

**校長懷疑他聯考加分，
要求提出大學四年的成績單才准他試教**

話說校長發現他是金門人，竟是師大畢業，就直問：「你大學聯

考有沒有加分？」當年聯考錄取率只有13％，李金振是金中考取日間部九人之一。

「沒有。」李金振據實以告。

「沒有？」校長望著他，一臉的狐疑，就要部屬人事室董主任查明金門人有無加分見覆，結果確實沒有。

校長還要他提出大學四年的成績單，才給他試教。錄用後他在長榮女中展現其教學的熱忱和行政業務之創意，表現傑出，讓校長對他刮目相看，並任命為訓育組長。

師大畢業第一年實習，不能考研究所。第二年到了長榮女中之後，他就取得報考資格，但連續考了兩年都名落孫山，第三年才同時考取台大三研所（今國家發展研究所）與師大三研所（今政治研究所）。無論選擇師大或台大，此刻，最大的難題是如何向長榮女中請辭。校長劉青眼堅決慰留，若非離職不可，先決條件是幫學校培訓一位接班老師。後來李金振推薦一位學弟接任，才隻身前往台大三民主義研究所就讀，並到光仁中學、新竹中學，以及文理補習班兼課。

讀了台大三研所，改變了他一生的命運。這隻雞已經站在高崗上，取得一個有利的位置，準備要初試啼聲了。

What lesson did you learn?
以實力證明自己的能力。

校長發現他是金門人，就問：「你大學聯考有沒有加分？」
「沒有。」
「沒有？」校長望著他，一臉的狐疑，就要部屬查明金門人有無加分見覆，結果確實沒有。
校長還要李金振提出大學四年的成績單，才給他試教。錄用後他在長榮女中表現傑出，讓校長對他刮目相看。

3 三個貴人，改變了一生

兄弟登山，各自努力，同學登山，也是一樣。

同樣的山景，各人領會不同；同樣的人生道路，各人的際遇不同。

那些因緣合和，就成為人世變化的圖譜，

感念那一路走來的貴人，都是老天安排的天使。

1981年7月，李金振自台大三民主義研究所畢業，與師長、同學的紀念照，前排右二為李金振的恩師李國鼎。後排左二為李金振。

默默端了一學年的茶水，
李國鼎對他說：「我一定要為你做一件事情！」

　　台大三研所一班10個人，政務委員李國鼎擔任「台灣經濟發展」這一門課程，他是台灣經濟發展總設計師之一，講話快，腦筋更快，上他的課很有趣。每上到一個單元，他就會請和主題相關的專家來演講，譬如國營事業就請中鋼董事長趙耀東；民營企業就請台泥董事長辜振甫，這些人也只有李國鼎請得動，每次上課都有一排記者守候。

　　每次來賓來演講，同學需輪流去端茶水，台大法學院老師休息室的茶杯經常有去無回。有一次李金振去端茶水時，管茶水的先生向他抱怨：「你們茶杯拿去，常常不還，以後就你一個人負責拿好了，我只認你。」

　　李金振就這樣默默地端了一學年的茶水，只見他常常跑進跑出，老師也不以為意。

　　研究所畢業了，同學在台北市忠孝東路來來大飯店擺謝師宴，

李金振在中山女高任教，已是三民主義的名師了。

李金振那一天穿得很體面，又去端茶送水。李國鼎接到茶水時，突然冒出一句話：「今天我們都包給飯店了，沒有你的事了。」

李金振當時愣了愣，在旁的一位同學就對李國鼎說：「他也是我們應屆畢業生。」

李國鼎以為他是學校的工友，這時才恍然大悟，就對李金振說：「我一定要為你做一件事情。」

研三時已是三民主義名師，
台北中山女高校長對他非常器重，想盡辦法留住他

李金振研三的時候，已經甄選上台北市立中山女高專任教師，教了一年的三民主義，累積出版了16本參考書和多份講義，帶了5個班，這5個班在全校舉行月考及期末考時，三民主義成績總是位居前五名。透過校際交流，他的講義還流傳到師大附中。

這時的大學聯考，三民主義在總分600分中佔了六分之一。大學聯考考前衝刺，中山女高呂少卿校長要李金振每天早自修以前，在大禮堂為全校準畢業生複習三民主義，校長對他非常的器重。

如今他研究所畢業，中山女高校長想爭取他留校繼續擔綱任教，然而李國鼎老師已經把他介紹給台南成功大學的校長夏漢民了，李金振又面臨高中名師與大學助教的抉擇。

李金振想到成大，不僅可以跟妻子朝夕相處，而且成大是大學，能夠進成大這樣的名校，是多少人夢寐以求的事。李金振心裡已經有數，但對於中山女高的續聘，又不敢明白地拒絕。

等到中山女高校長再提起時，李金振不敢直言是為了更上一層樓，乃以妻子在台南任教為由，向校長婉拒。

校長問說：「你太太的工作是什麼？」

李金振回答：「護理老師。」

校長說：「那好！請你太太上來。」校長為了留住他，中山女高雖沒有護理老師缺，還透過人際關係，找別的學校，幫他太太在台北謀得一個校護的工作。

What lesson did you learn?
吃虧就是佔便宜。

李金振默默地端了一學期的茶水，只見他常常跑進跑出，老師也不以為意。

研究所畢業了，同學在台北市忠孝東路來來大飯店擺謝師宴，李金振又去端茶送水。李國鼎接到茶水時，突然冒出一句話：「今天我們都包給飯店了，沒有你的事了。」

李金振當時愣了愣，在旁的一位同學就對李國鼎說：「他也是我們應屆畢業的同學。」

李國鼎以為他是學校的工友，這時才恍然大悟，就對李金振說：「我一定要為你做一件事情。」

李金振在成功大學任教時，全家福參加在墾丁舉辦的成大
一級主管聯誼活動。左為妻子陳麗媛，中為兒子李宗儒。

　　李金振這時沒有藉口了，騎虎難下，只好把他真正的意圖婉轉告訴訓導主任陳素民——這位當年借他行軍床的同屋鄰居。

　　當他辦理離校手續時，校長一臉的不高興。李金振至今回想起來，仍對中山女高校長過意不去。

離開中山女高是人生轉折點，
選擇短線或長線，只有自己的心作得了主

　　離開中山女高，李金振說是他人生的轉折點：「如果李國鼎老師沒有幫我介紹的話，我應該繼續留在中山女高執教，可能有一天成為補教界的名師，日進斗金，開名車買華廈。」

　　李國鼎雖然介紹他到成大，但成大校長夏漢民給他的消息是成大沒有講師缺，只能當助教。這時李金振面臨人生另一次重大的抉擇，是要留在備受禮遇的高中當名師，還是到成大當助教從

夏漢民校長常說他有金門的戰鬥精神的李金振（左）偕妻子陳麗媛（中）回金門訪問，巧遇返鄉服務的成大校友蔡榮根（右）。

零開始？他經過一番心理掙扎，也徵詢了很多學長的意見。

人生許多事，只有自己的心作得了主，別人的意見只能供參考。李金振到底要選擇短線還是長線？短線他很風光，長線看來沒沒無聞，人生的機遇有時要靠智慧之鑰去開啟。

What lesson did you learn?
只有自己的心作得了主。

選擇短線還是長線？短線很風光，長線看來沒沒無聞。別人的意見只能供參考，人生的機遇要靠智慧之鑰去開啟。

李金振一家三口，假日陪同成大校長夏漢民伉儷（左二、左三）赴墾丁舉辦成大一級主管戶外聯誼活動。這時李金振的能力已受到肯定。

李國鼎介紹到成大，從助教做起，兼校長機要秘書，李金振從中學教育轉進大學教育殿堂

1981年，李金振決定到成大，從助教做起，兼校長機要秘書。

當時夏漢民校長正在創辦醫學院和航太所，這兩件事都和政務委員李國鼎有關。每次李國鼎到成大巡視，都會問夏漢民校長：「李金振表現得怎麼樣？」夏漢民總是回答說：「很好！很好！頗有金門的戰鬥精神。」李國鼎以為李金振在成大當講師呢！

李金振以前都在教書，現在當秘書是破題兒頭一遭，為了不讓李國鼎老師失望，他專程向曾任台大閻振興校長秘書的洪玉崑學長求教，問秘書的工作到底在做些什麼？洪玉崑跟他說，舉凡學校的簡介、簡報、文宣品、校史館資料建置、典章制度、草案的擬稿等都得做。

後來夏漢民校長升為國科會主任委員，希望李金振跟著去，但是李金振選擇留在成大，夏漢民就把他交給下一任校長馬哲儒；馬哲儒

校長再把他移交給下任校長吳京；後來吳京去當教育部長，又將他交給黃定加校長；黃定加之後交給翁政義校長。

「沒想到李金振成了五任校長移交清冊的一部分。」

翁政義校長之後，李金振就應邀借調到國立高雄科學技術學院擔任金門分部主任。

李金振說：「李國鼎介紹我到成大服務，對我來說是一個轉捩點，讓我從中學教育轉到大學教育，就像師傅引進門，引我進入了高等教育的殿堂。」

10年內從助教升到教授，創新成大紀錄，
人生如此，夫復何求

1983年7月李金振實歲已三十有四，仍是成大的高齡助教，1993年8月李金振44歲升等為教授。馬哲儒校長說，10年內從助教、講師，一路升到副教授、教授，李金振締造一種紀錄，成大迄今無人能破，形成「李金振障礙」。李金振在升等上的三級跳，與日後回金門服務僅花13年時間，把金門分部由專科獨立為學院，再由學院升格為大學，有異曲同工之妙。

李金振（前右一）經李國鼎介紹，到成功大學當助教，這時他在當高齡助教。有機會赴陽明山接受革命實踐研究院受訓。

有一天李金振和太太在成大校園裡散步聊天，他告訴太太：「我一個農家子弟，今天能在頂尖大學當到教授，可謂此生無憾，人生如此、夫復何求！」

他達到這樣的人生目標覺得很滿意，本來以為今後就是多發表文章、做學問，直到退休，人生美好的仗都已打過了。但是吳京的出現，改變了他的一生。

吳京是第二個貴人，
他勸李金振勇於改變、返鄉創校

李金振說：「吳京校長是我的第二個貴人，他的恩惠可以媲美李國鼎。」

吳京很樂觀，當初他跨越太平洋，從美國回到台灣，就是認為台灣是個有事可做，也有機會把大事做成的地方，李金振也把這句話記在心裡、用在金門。

吳京校長在成大的時間不長，但他是一位點子王，讓成大聯考排行榜，每年各學系合計進步一百多個志願，可以說直追台大；他也讓成大動起來，校園氣氛丕變，有一股南方力量崛起，直逼北方的氣勢，被譽為一股北伐的力量。

1996年吳京接任教育部長之初，常回成大探望那些聽他的招生宣傳而選擇成大的學生。當年7月5日，大學聯考剛結束，李金振陪吳京部長在台南市老友餐廳吃水餃，談起大學聯考窄門，總錄取率不到二成，但卻有很多錄取生沒來報到，造成教育資源的浪費，吳京聽了很

What lesson did you learn?
李金振障礙。

10年內，李金振從助教、講師，一路升到副教授、教授，締造一種紀錄，成大迄今無人能破，形成「李金振障礙」。

驚訝，決定要有行動。

兩週之後，他們又在成大校園相遇，吳京開口第一句話就恭喜李金振：「你的意見已經實現，共增額錄取逾5,000位新生。」吳京自接任教育部長後，有意延攬李金振到教育部服務，認為他的執行力很強，有他在旁邊做事情比較有動力，但是李金振予以婉拒。

不久，吳京又看上李金振的執行力，想給他一個創辦學校的機會。

回到故鄉金門服務，完全在他生涯規劃之外，李金振說：「要辦一個學校是何等的困難，吳京勸我要勇於改變，這是一個機會，一個千載難逢的機會。」妻子陳麗媛的顧慮是，若一旦決定，兒子在美國留學，太太在台南，丈夫在金門，一家三口分散在三地，聚少離多怎麼好呢？

他告訴妻子：「我們還年輕，等把學校辦好，以後的日子都是我們的了。」妻子表面看似被他說服了，但不免心慌。要贊同離開已熟悉的成大，確實是一件困難的決定。

李金振最後的考慮其實是母親，母親的價值觀是「被人謳咾（誇獎），好過吃補。」對於一位長期在外求學和工作的遊子，能夠返鄉服務是夢寐以求的事情。在李金振的心裡，出外打拚，按月寄錢回家，僅勉強做到奉養而已，不能算是盡孝道；尤其早年民航機尚未開航，隔著台灣海峽，根本無法做到膝下承歡，這讓他一直耿耿於懷。

然而吳京改變了李金振的人生渠道，讓兩岸的風景完全改觀。

吳京希望以「母雞帶小雞」的方式到金門設分校，於是與高雄工商專科學校黃廣志校長商量

1992年，金門解除戰地政務，同時解除戒嚴；脫去戰地的外衣，恢復憲政的常軌，實施地方自治，還政於民。這時出現一個契機，澎湖縣早5年就率先設立分部，如今又奉准獨立為澎湖海專，金門地方上就發出一股強力呼聲，主張比照澎湖爭取設立高校。

縣長陳水在及立委陳清寶、國大代表楊肅元等人，屢次向中央

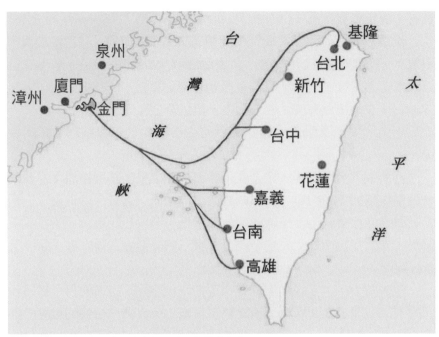

金門本來是兩岸的夾心餅，自從解除戒嚴與戰地政務
之後，設立金門高等教育的呼聲響起。

　　回到故鄉金門服務，李金振說這完全在他的生涯規劃之外。
　　「要辦一個學校是何等的困難，吳京勸我要勇於改變，這是一個機會，一個千載難逢的機會。」
　　吳京改變了李金振的人生渠道，讓兩岸的風景完全改觀。

這是戰爭的語言，留給金門人深刻的生活記憶，當金門轉型，將會成為歷史陳跡。

申請設校，去台灣各大學奔走遊說，縣府也編列了3億元作為建校基金，鼓勵在金門設立分校，甚至訴求教育部核定在金門設立第一所大學。

地方上儘管長期呼聲不斷，但實際上困難重重，前幾任部長經過評估後都覺得可行性很低，沒有回響。

剛好吳京接任教育部長，富有世界觀，主張發展高等教育，金門的訴求與他的政策吻合。因此吳部長就遊說台灣各大學，希望以「母雞帶小雞」的方式到金門設分校，結果各大學興趣缺缺。

吳京認為，「對的事情就應該快做，好事若不快做，時間久了，就會涼掉了。」於是立刻與高雄工商專科學校（今高雄應用科技大學）黃廣志校長洽商，在金門實現設立分部的可行性。

李金振說這是一個大好的機會。

吳清基給他獨立設校的願景，吳京部長對他又多所期許，
他面臨頂尖大學教授與專科分部主任的抉擇

　　高雄工商專科學校的前身，就是鼎鼎大名的高雄工專。1997年教育部又核定改制為國立高雄科學技術學院，同時成立高雄科學技術學院附設專科部金門分部，學院之下附設專科部，是專門為金門分部量身打造的。

　　有一天李金振在成大接到教育部技職司長吳清基的電話，告訴他教育部決定在金門設立專科分部，採取澎湖海專模式。

　　所謂澎湖海專模式，是指高雄海專先到澎湖設分部，然後再由澎湖分部獨立為澎湖海專。同樣的當專科部金門分部一旦設校指標條件成熟之後，即可獨立設校。

　　教育部長吳京和主任秘書陳金雄，都有意讓李金振回家鄉服務，陳金雄曾任成大主任秘書、總務長等要職，也是李金振的老長官。吳京部長特別強調：「身為金門人，回鄉服務是一件幸福又有意義的事，能回家鄉服務，是再好不過的事了。」

　　吳清基司長給他獨立設校的願景，吳京部長對他的返鄉又多所期許，這些當然都是誘因，然而他現在已是成大的教授，要不要接受挑戰跨出這一步呢？李金振又面臨了人生的重大抉擇。

What lesson did you learn?
對的事，今天不做明天後悔。

已是成大教授的李金振，要不要接受挑戰、跨出這一步呢？
吳京強調：「身為金門人，回鄉服務是一件幸福又有意義的事。」

李金振身膺金門技術學院校長及妻子陳麗媛（後左一、二），
與昔日提攜的老長官合影，成大前校長夏漢民夫婦（前中），
前校長馬哲儒夫婦（前左三、前右一）、成大前代校長黃定加
夫婦（前左一、二）、成大前教務長李克讓夫婦（前右二、
三）、成大前學務長李士崇夫婦（後右一、二）、成大前主任
秘書李茂雄夫婦（後右三、四）及樹人醫專前校長陳金雄夫婦
（後左三、四）。

卻從前生見此生

 # 突圍，獨立設校

二技進修部的設立關係重大，它突破了教育部的設限，
好像一個圓圈出現了一個缺口，從這個缺口就可以突圍。
現在李金振要想辦法在設校上突圍……

一邊辦學一邊創校，
從無到有，挑戰高難度

　　1997年李金振從成大借調回金門，肩負辦學與創校之雙重任務，但是他的手中除了一張公文書之外，其餘甚麼都沒有：沒有校址，沒有校地，也沒有校舍。一切辦學的基本要件均毫無著落，更遑論創校。

　　李金振的第一課：面臨辦學的挑戰，是年8月2日金門分部舉行揭牌典禮，9月初務必與校本部同時開學，準備時間約一個月。

1997年金門分部成立，教育部長吳京（右五）到金門，與地方政要一起舉行揭牌儀式。

金門分部成立掛牌，教育部長吳京（中）抵金剪綵，開創金門教育的新紀元。

金門分部校園入口，雖然看起來不起眼，但從此開展出的空間卻很大，可見事在人為。

金門分部借用金門農工職校圖書館一樓，一間舊報紙檔案室上班，一切草創，只得從簡。

　　首先，他借用金門農工位於太湖畔的實習農場，作為專校分部的臨時校區。當時只有12位教師、4個職員，大家胼手胝足，共同為迎接開學而努力。

　　暑假期間金門分部全體教職員開始上工，當時臨時校區實習農場仍在整修之中，只得借用金門農工職校圖書館一樓，一間舊報紙檔案室上班，然而裡面光線不足，沒有辦公桌，也沒有電話，辦公室的基本配備均付闕如，十幾位同仁利用從校本部請領到的文

具，大家手忙腳亂地忙得不亦樂乎。

　　十萬火急的業務，莫過於開學要用的教室課桌椅、辦公桌椅、資料櫃等用具之採購。由於臨時辦公室未裝電話，都要利用圖書館外的公共電話連絡。連校本部黃廣志校長到金門分部，也只能借用飯店的沙發開會。凡事起頭難，一切都很克難。

　　教育部同意金門分部設立二專，主要是著眼於金門農工職校畢業生，為他們在金門開闢一條升學管道。同時，針對金門產業的需要，首先設立了四個科，分別為：食品工程科、營建管理科、工商管理科、觀光事業科等。

　　創設第一年克難地度過。第二年猶如歸零，一切重頭開始。李金振面臨學生自然增班，班級數和師生人數倍增，而校舍卻毫無著落的窘況，只好四處借用教室。最後金湖國小騰出技教館，但仍不敷使用，不得已搭建了十餘間鐵皮屋因應。至於老師宿舍，頭3年借用仁愛山莊；3年後改借金門中學的英士樓；另外商借金湖鎮公所警察分局的舊址，權充學生社團的臨時活動場舘。

這是金門分部校園一景，空空蕩蕩的，可見當年學校草創之一斑。

金門分部掛牌舞獅慶祝，
吳京部長贈送紅包給舞獅
隊，在喜悅之中也在考驗
李金振的執行力。

　　李金振一邊辦學一邊創校，從無到有，是一個高難度的挑戰。一般來說，從事創校工作，首先需成立籌備處，然而對金門大學而言，自始至終，也就是從分部到學院，再從學院到大學，未曾設立過籌備處，當然也沒有籌備人員。因為，其核定的教職員額，應付辦學都捉襟見肘，更遑論籌備創校。

　　沒有籌備處，又沒有籌備人員編制，叫金門分部如何挑起創校的重責大任？坦白說，創校事宜，除校本部同仁、黃廣志校長外，只有李金振在急，因此，籌備工作之推動，在金門自然落在李金振身上。17年來，他成了籌設金門大學有籌備之實而無籌備之名的靈魂人物。老長官吳京出了這道難題，考驗他的執行力。

突破教育部設限，二專到二技，
畢業生可獲得學士證書

　　李金振是從成大教授，借調到高雄科學技術學院，真正上班的地點是在金門分部，職稱是金門分部主任。因此，他的辦公室除金門分

金大崛起──魔法校長李金振

部外，另在高雄校本部校長室主任秘書旁，也有他的一張辦公桌。

他一個人身兼三重角色，每週必須穿梭奔波三個地方——校本部、成大以及金門分部。回校本部是為了返校述職，或出席行政會議等各級會議；回成大是為了履行教授借調，每週至少排兩節課的義務；此外，大部分時間均坐鎮金門分部，有時還要飛台北教育部洽公。

依體制，金門分部只是一個校內單位而非獨立機關。當初回金門，李金振所訂下目標、擬定的具體計畫是辦一所學校，而不是一個分校或分班。至於辦什麼學校，他說金門自古文風鼎盛，是辦大學的極佳環境，因此，未來設校的目標，至少從大學部起跳。眼前金門分部呈現的問題是二專的層級太低，4個科規模太小，距獨立設校還有很長的路要走。

為了達成「專升本」的目標，務必擺脫二專的泥淖，朝四技的目標邁進。因此，他年年申請增設新科系，都以四技為目標。但教育部歷年來所核准增設的資訊管理科與財務金融科，仍屬於二專，學術單位已累計到六個科系。規模雖略有成長，但層級仍停滯在專科的程度。

二專只是專士，相當於大一、大二，距學士還差臨門一腳。為了躋身學士之林，李金振試圖以增設科系的方式由二專轉型為四技，經過多年的奮鬥，均久攻不下，結果無功而返。山不轉路轉，李金振改變策略另闢蹊徑，由日間部轉戰夜間部，再以二技取代四技，因此決定爭取增設二技進修部。

提出此一方案，尚未報教育部審查，未料在分部會議討論時，即遭同仁杯葛，指金門分部沒有二技日間部，怎麼可以設二技夜間部？李金振為免校內之爭，只好作罷。然而李金振堅信天無絕人之路，乃另開一扇巧門，由校本部的二技科系到金門分部另設分班。也就是說，首屆金門分部二技進修部先設兩個系，即由校本部企業管理系和觀光管理系附設二技進修部金門分班。

在學制上，出現一種特殊的現象，即以二專日間部為主的金門分部，另出現以二技進修部為主的金門分班，形成分校與分班雙軌並存

金門分部成立時，暗潮洶湧，並不像這條道路那麼的寬闊平坦。

的特殊架構。在生源上，二專相當於大一、大二，二技相當於大三、大四。當時分部二專已有畢業生，就以二專畢業生為二技進修部的生源。

由於金門分部二技進修部，在體制上隸屬於校本部，所以每年招生委員會都在校本部召開，由校本部企管系和觀光系系主任擔任委員。

What lesson did you learn?
轉一個彎，開一扇巧門。

二專只是專士，無法變成學士，為了躋身學士之林，李金振轉了一個彎，開了一扇巧門——2000年增設二技夜間部。

二專是大一大二，二技是大三大四，二專畢業生直接進入二技進修部就讀，畢業後即可獲得學士學位證書。

設立二技夜間部關係重大，
卻有同仁寫黑函

　　李金振巧妙地為金門分部找出一條「專升本」的捷徑，其過程至為險峻，幾度被判死棋，然而他鍥而不捨，終於敗部復活。李金振開的這扇巧門，使金門分部二專畢業生得以進入二技進修部，畢業後即取得大學學士學位。至此，學生及學校的層級都同時獲得了提升。

　　同仁對李金振百折不撓的精神頗為折服，正當大家歡慶擠進本科之際，豈知竟有少數同仁寫黑函，一狀告到行政院副院長，指責李金振不按牌理出牌。

　　當黑函曝光之後，作者不僅毫無悔意，反而惱羞成怒，一不作二不休，以細故另案反告李金振恐嚇。檢察官未到校實際瞭解真相就直接起訴，從此陷入兩年13次法院開庭的糾纏。

　　這期間，李金振等於背著官司奔走金門第一所大學的籌備工作。妻子陳麗媛眼見夫婿腹背受敵，勸他不如歸去。後來雖獲判無罪，還予清白，然而長年的官司，已大大地傷害一位滿腔熱血、全心全意想為家鄉做事的遊子的元氣，也造成人力資源不必要的浪費。

1997年金門分部招收二專生，開學時的歷史畫面。

二技進修部的設立，象徵著金大提升到大學的位階，對未來申請獨立設校的定位，有了重大的改變，有了這項突破，才能藉以申請獨立為技術學院。也就是說，李金振已為未來獨立設校增加了一個選項，除依澎湖模式獨立為專科學校之外，亦可直接獨立為技術學院，進可攻、退可守，機會增加了一倍。

　　現在，李金振要想辦法在設校上突圍。

從二技躍升為四技，
跨出獨立設校關鍵的一大步

　　金門分部有了二技做基礎，就有機會發展為四技。李金振首先把二技進修部由校本部的金門分班，轉換為金門分部的一個學術單位。然後用這一個單位證明金門分部已擠進學士學位之林，繼續去申請四技，一旦成功，金門分部有了二技和四技，就有可能獨立成為技術學院，否則，充其量只能獨立為專科學校。

　　李金振年年提出獨立設校之申請，但是教育部條件非常嚴格，校地面積、校舍樓地板面積、教師的質量、圖資冊數都有一定的指標，想要突破教育部的重重關卡，非常地困難。

　　2002年再度面對新增科系的課題，教育部的態度依舊，比較屬意在現有的二專由單班增為雙班，金門分部則力拚四技，兩者相持不下。有一天李金振接奉教育部指示：本學年度金門分部申請的新增科系案，教育部原則上核定兩個科系，至於哪兩個科系，則授權由金門分部自行調整。

　　李金振接到這個指示，喜出望外，於第一時間就決定增設兩個四技，即運動管理系與應用外語系。其優點是，二專增班，每科只有一、二年級兩班，兩個科合計4班，以每班配3名教師員額，合計12個編制內員額。而增設四技，每系4班，兩個系合計8班，以每班配3名教師員額，合計24個編制內員額。就強化師資陣容而言，增設四技比原有二專之增班，整整增加了一倍。

　　此外，原有二專之增班，僅限於量的增加，而增設四技，則是質

的提升。這項正確的抉擇，獲得教育部核准通過，讓原來受困在二專的金門分部撥雲見日、出現一線曙光，帶領金門分部由純屬專科擠進大學之林。

因為先前爭取成功的二技進修部，畢竟是校本部的金門分班，而且是夜間部。這次增設四技的成功，不僅是日間部，而且是不折不扣、百分百屬於金門分部的一部分，這是金門分部正式登上大學之林的里程碑。

李金振處心積慮地想要從二專躍升為四技，其最終目標是為了擺脫專科學校的枷鎖，從專科學校躍升為技術學院；皇天不負苦心人，終於突破教育部的設限，向前跨越了一大步，朝著目標挺進。這是設系的一小步，卻成為獨立為技術學院的一大步。

一個人有無應變能力，絕不是在一帆風順、腦筋急轉彎、耍嘴皮子時看出來；而是在危急之際，看似山窮水盡的關鍵時刻，作出正確的判斷。李金振就是一個典型的例子。

What lesson did you learn?
機會永遠留給準備好的人。

教育部傾向通過二專雙班，但李金振想要從二專躍升為四技的創校目標不變，仍堅持申請兩個四技的科系——應用外語系和運動管理系。

沒想到教育部竟然通過了。這是設系一小步，獨立設校關鍵的一大步。

5 古寧頭，
失去一次翻身的機會

戰爭遺境，歷史名村，水池漠漠，波光掩映，
照見了古人，也照見了今人。古寧頭六百多年一路走來，
人才於今為盛。一燈可以破千年暗，
然而一人之智洞見機先，想燭照而不可得，豈不令人扼腕。

李金振辦學從無到有，利用他的善巧有了重大突破，然而一直借用別人的場地上課總不是辦法，雖然教育部的目標只是先設立分部，暫時應付一下地方的訴求，但即使是分部也需有校地與校址。這個學校到底要設在哪裡呢？對他來說考驗才要開始。

尋找校地，烏沙頭不成，
找到慈湖畔關帝廟後的魚塭地

草創初期的金門分部，大家並不看好，但有智慧的人就要在大家都不看好的時候，首先看到它的利基與潛力點，這才是先知先覺者。

誰是這樣的第一等人呢？

李金振設校首選古寧頭的烏沙頭，面積30公頃有餘，作為建校的地點非常適合，不僅腹地夠大，而且又臨海，面向金烈水道，左看烈嶼（小金門），右看廈門濱海公路，風景秀麗，坐擁金門最漂亮的海景之一。

然而那時的烏沙頭還未排雷，只有作罷。

李金振退而求其次，選擇古寧頭慈湖畔關帝廟後的魚塭地設校。該地左擁慈湖，右有雙鯉湖，山青水碧，百鳥爭春，又是戰爭的遺址；況且慈湖是金門最大的湖泊，總面積約200公頃，上游有將近50多公頃築成50個魚塭，每個魚塭1公頃，以50公頃的面積作為金門大學校區，具備最好的教學環境，實在十分理想。

將慈湖挖深10公尺，
用這些土來填魚塭當作校園

李金振的開發構想是把魚塭填成校園，局部施工將面臨無法取得土方的困難，惟大面積的開發則相當容易。具體的做法是將200公頃的慈湖浚深10公尺，將可提供2,000萬立方公尺的土方。再將這些土方來填魚塭及臨近沿海，將可創造200公頃的陸地。其中50公頃規劃為大學校園，另150公頃規劃為大學城。

古寧頭的水尾塔，訴說著一種歷史的風華，
卻與金門大學的校景擦身而過。

此外，浚深後的慈湖，可容納2,000萬噸的雨水，依金門每年用水量700萬噸，可供應3年或因應未來三倍的經濟成長。

至於財政規劃方面，填土方後的200公頃新增地，除50公頃作為大學用地外，另外150公頃的大學城，依市價每平方公尺1萬元計算，至少值150億元。提撥50億元興建大學，還淨餘100億元。

李金振的古寧頭金大實業計畫，若能付諸實踐，則不但可能解決金門長期無解的民生用水問題，而且還能提供金門第一所大學的校園用地，和所有校舍興建的工程和設備費用，不僅不必花政府一毛錢，還有餘裕可成立100億元的教育基金。

從雙鯉湖開闢一條運河通往校園，
湖上泛舟浪漫無比，有如英國的劍橋大學

慈湖是封閉性的人工湖，李金振有個非常好的點子。他說若將校園座落於雙鯉湖和慈湖之間，從雙鯉湖開闢一條運河經過校園通往慈湖，可以在運河裡悠然泛舟，有如英國的劍橋大學一樣。兩岸再植以楊柳，清風徐來，楊柳輕拂水面，學生徜徉在河邊，靜觀垂柳倒影，怡然自得；不論讀書或談情說愛，都十分浪漫，整個校園都生意盎然了起來。

他說台灣各大學哪裡有這麼好的自然風光？這種無可替代的美景，最適合發展成美麗的大學島——17年後的今天，李金振還是這樣認為。

李金振以關帝廟為中心開發大學城的構想，一開始幾乎每隔幾天就召集地主到古寧國小洽商，進行得很順利。聽說當時雙鯉湖的內湖準備興建國民住宅，屆時可滿足部分師生的生活機能，兩案可整合規劃。

古寧頭山青水秀，左有慈湖，右有雙鯉湖，
當年李金振想在這兒設校，功敗垂成。

古寧頭的美景被戰爭的聲名掩蓋了，如果古寧頭人
多傾聽李金振的聲音，今天的發展就不一樣了。

國家公園強力支持，
地主獅子大開口，功虧一簣

當時金門國家公園管理處處長李養盛，也是古寧頭南山村人，他強力支持此一構想，且樂觀其成。

由於這些魚塭只是漁牧用地，要開發校園必須變更地目為建地。國家公園沒有意見，全力配合，因此沒有所謂的行政阻力。

現在只剩下地主的問題。李金振幾乎每晚都回古寧頭開會，代書也拿來地籍圖向鄉親說明。

在地權方面，李金振計劃以10％發還給地主，90％提供作為大學校園，50公頃的90％也有45公頃，算起來校園是蠻大的。

發還給地主的土地，分配在古寧國小附近，那裡可以建立一個新村。經評估1公頃的魚塭交換1公畝建地，當時一個魚塭市值不到100萬元，建地1公畝值200萬，可以蓋5棟房子，對地主來說是十分有利的。

這項大學城的實業計畫，成敗的關鍵在50個魚塭地主的態度。追溯魚塭的由來，幾年前，政府為輔導農民，特將整建後的慈湖，靠北側的淺灘規劃為一系列的魚塭，廉價分售予農民，魚塭的地主分佈在北山、南山、林厝、西浦頭等處。大學城的構想經輾轉傳遍每一位地主，漸漸就有雜音出來。有些地主認為若開發為大學校

What lesson did you learn?
只看到小利益，就會失去大利益。

事後證明，古寧頭若設校成功，對整個鄉村的發展，將會帶來多大的經濟利益。從這個談判過程中，可以得到一個教訓：人生的功課，只看到小利益，就會失去大利益。

古寧頭設校不成，只有回去繼續祭祖，希望子秀孫賢。

園，會帶動地方繁榮，只拿到百10％保留地有點太少，因此必須再重新談判。

不料重談之後衍生出更多的意見，最後地主要求發還30％。

獅子大開口，問題就談不下去了。李金振不斷向鄉親解釋，金門分部老師、學生與科系都到位了，若土地沒有到位，教育部便無法核准設校。

李金振有時間壓力，他無法跟地主一直耗下去，最後不得不放棄。

事後證明，古寧頭若設校成功，對整個鄉村的發展，將會帶來多大的經濟利益。所以從這個談判過程中，可以得到一個教訓：人生的功課，只看到小利益，就會失去大利益。

四埔林場，
狗屎埔變狀元地

荒煙、蔓草、亂葬崗，紅土、營區、砲陣地，
淹沒在歲月的遞嬗裡，也淹沒在時代的浪潮裡。
蓽路藍縷、以啟山林，誰使它脫胎換骨的呢？

設校的第一步，就是與軍方協調軍事用地的撥用，
讓它轉化成培育人才的搖籃。

　　李金振設校地點看好慈湖，認為那邊發展的空間大，而且
水域是無形的校園，環湖再設立商店街，晚上燈火明亮，整個
環慈湖區就活起來了。可惜功敗垂成，他不得不回頭再來找四
埔林場。

古寧頭人把設校機會，
拱手讓給了四埔林場

　　1996年教育部次長楊朝祥來金門，在陳清寶立委的引導
下，就已相中四埔林場作為校地。只是李金振認為慈湖更為理
想，其中當然不排除有部分的情感因素，畢竟古寧頭慈湖是自
己的家鄉。

　　設校地點從四埔林場改至慈湖，最擔心的就是縣長陳水在
有意見。不過李金振說陳水在縣長對此並無異議，他認為只要
大學設在金門，不管設在什麼地方都好。至於高雄科學技術學
院校本部，因為遠在高雄，對於設校地點的選擇，完全尊重分
部主任的決定。也就是說，不論選擇在哪裡設校，決定權都操

之在他手上。因此，在古寧頭設校踢到鐵板，至今李金振仍然感到非常可惜。

四埔林場在埔後村陳水在縣長老家的旁邊。四埔包括埔後、埔邊、頂埔下與下埔下等四個自然村，四埔林場就是這四村的統稱，鄰近金門的首善之區金城。

四埔林場土質乾硬，不利農作，原為金城與四埔先民的墳場。二次大戰曾被日本開闢為機場。1949年之後納入軍事管制區，成為兩岸對峙時的要塞。國軍大量在區內植樹造林，形成一座林場，一般人根本進不去。1992年解除戰地政務之後，兩岸局勢緩和，國軍又實施精實案，四埔林場早已撤軍；此地已經一片荒煙漫草，不辨路徑了，一度權充為垃圾掩埋場。

李金振要在這裡設校，首先需解決地權的問題。四埔林場共14公頃，大部分是縣有地，只有3塊私有地，土地問題比較容易解決，這也是為什麼一開始即選在這兒設校的原因。

然而，遷墳整地這件事，麻煩可就大了。

李金振當初想設校慈湖，最擔心的就是
縣長陳水在（左）有意見。

這個營區當年戒備森嚴，如今要褪下軍事外衣，成為
建校的預定地，首要條件是四埔民眾同意遷墳。

小學老師跳出來指責他大逆不道，
連老師的祖墳都敢動

　　李金振想到一個辦法，在每一條通往四埔林場的產業道路入口
處，放置數十個空白的告示牌，希望民眾清明節進去掃墓的時候，順
便把牌子插在祖先墳墓旁，並留下聯絡電話與姓名，但是經過一兩年
都沒有成效。因為四埔林場的變動太大了，連家屬都不知道自己祖先
的墳墓在哪裡。即使如此，家屬還是堅持不許亂動。

　　四埔林場設校，首先要徵求四埔民眾的同意，只要有共識，墳墓
遷葬就可以迎刃而解。金門人有一種傳統觀念，把祖先的風水看得天
大地大，認為會影響子孫的榮枯，現在要遷人家的祖墳，李金振面臨
的挑戰就很嚴峻了。

　　因此，李金振幾乎每天晚飯後都到埔後村老人間找人聊天，溝通
意見，了解問題，尋求居民的支持與配合。他每天碰到不同的人，分
別提出不同的問題，有時昨天的問題已經快解決了，今天又冒出新的

四埔林場當初一片荒煙蔓草，地形高低起伏，
建校的規劃萬事起頭難。

高應科大的校長黃廣志（右），當年來金門分部
勘地，只見一片斷林亂草，沒有一個落腳處。

問題，不得不重新來過。

　　他每天都做功課，遇到窒礙難行的問題，寧可議而不決，保持彈性，也不要做出與目標相反的決議。他認為人民有權，本來就可以提出問題；但政府有能，要有解決問題的能力。李金振將未能當場解決的問題帶回去做功課，等到想出解決的方案，才立即發開會通知單。

　　然而，民眾在會中仍不斷提出新的問題，當問題又無法當場解決時，再帶回去做功課。如此不厭其煩地重複數十遍，直到問題逐漸縮小，最後澈底解決為止。

　　就這樣面對問題、不斷溝通，耐心地完成每一步驟。千萬不能躁進，否則欲速則不達，李金振從村民那裡也學到很多。有一次他的小學老師跳出來，指責他大逆不道，連老師的祖墳都敢動，李金振深感事態嚴重，面臨無比巨大的壓力。

　　面對非常的問題，就要用非常的手段來解決。

10桌酒席一席話，
改變了四埔人的命運

　　有一天，李金振要學校的總務組長，邀請四埔村民每戶1位代表到埔後陳氏宗祠餐會。他準備向全村村民動之以情，說之以理，一次說清楚講明白，徹底解決懸而未決的校地問題；那一天李金振席開10桌，出席的民眾很踴躍。

　　李金振致詞時，首先感謝村民的熱忱參與，他說設立大學是金門多少年來夢寐以求的大事，也是金門800多年來，繼朱熹創辦燕南書院之後的最高學府，老實說是一件求都求不來的好事。

　　他繼續剖析：「金門第一所高等學府選擇設在四埔林場，但四埔林場有先民的墳墓。若要保持墓園，大學就無法設在這裡；若要設立大學，墳墓一定得遷葬，兩者必須選擇其一。」

　　李金振說倘若四埔林場設校，對村莊的讀書與學術風氣一定有正面影響。他舉孟母三遷為例，最後遷到學校旁邊，成就了大儒孟子，可見教育的重要性。現在是埔後村民不必遷村，而是學校遷到村莊旁

軍方人員陪同勘地的情形，這是建校的一小步，兩岸轉型的
一大步。但是當初民眾沒有人看好，一直在杯葛。

邊，這是多麼美好的一件事情，金門其他村莊都沒有這個機會呢。

李金振的訴求，讓四埔村民紛紛覺得：難道我們不如孟子的母
親？

此時他環視四周，埔後陳氏宗祠一片靜穆，大家眼睛都注視著
他。他乘勝追擊，以更感性的口吻娓娓道來：

「通常一個人一旦過世就沒有機會做好事，但葬在四埔林場的先
民卻有機會做好事。這些祖先若選擇遷葬，則形同捐地興學，對金門
大學的籌建就具有捐地興學的貢獻，這是千載難逢的機會，是多麼難
得而有福報的事啊！」

「祖先如地下有知，想做好事卻被子孫一再剝奪機會、無理阻
擋，又苦於無法表達意見，一定很懊惱。」李金振向大家喊話：「身
為後代子孫者，我們沒有權力剝奪祖先想做好事的權利！」

埔後陳氏宗親會一位長老聽到這一席話之後，馬上站起來說：

「李主任，剛剛聆聽你這席話我真是很慚愧，創校是何等高尚而有意義的行為，而我們這些人真的不懂事，不但沒幫助你，還一直在搗蛋。今後若有人再阻止你，我就用掃帚把他打出去。今天十桌的錢我出。」此後，推動校區私有地之協議價購和先民祖墳之遷葬事宜，諸事順遂如預期。

四埔許姓地主放棄申請補償，
他說：我怕學校因此設到慈湖

李金振在餐會中對設校效應之分析，17年之後終於顯現出來了。雖然說千金難買早知道，但還是有一些有見識的人，是先知先覺的早鳥。

環島北路與大學路之交會處，最近有人在整地，準備將其農地建洗車場。李金振好奇，覺得該處位於大學城規劃範圍內，還在禁建期間，應該請不到建照，就走過去瞭解狀況。這位鐵皮屋的地主姓許，在大學城周邊有15坵區的土地，一坵區等於1,000平方公尺，現在是價值連城。

許姓地主無意中提到，他祖先留在四埔林場的土地，比這些還要多，但都自動放棄。

> **What lesson did you learn?**
> 面對非常問題，用非常手段來解決。

遷移祖墳，這些祖先對金門大學的籌建是有貢獻的，這是多麼大的福報啊！

做好事卻被子孫阻擋，祖先如地下有知，一定很懊惱。

李金振向大家喊話：「身為後代子孫，實在沒有權力阻止祖先想做好事的權利！」

當初勘地，面臨民眾種種的責難，只能強顏歡笑；
然而今日，多少人暗笑在心裡，要感謝李金振當年
百折不回的遊說。

　　李金振覺得奇怪：「那你當初為什麼不申請土地所有權狀，可
獲得協議價購之補償呢？有這麼多的土地，居然選擇放棄，真是不可
思議的事。」許姓地主說：「如果我申請補償，恐怕會增加設校的難
度。」他停下手邊的工作，望著李金振說：「我怕學校因此設到慈
湖。」

「有為者」能夠發現問題、
提出方法、實際執行、完成任務

　　李金振從設校的過程中體悟到「有為」的道理，在他成長的過
程，也曾聽到政府宣導大有為的政府。在他心目中，「有為」就是有
行動、有進度、有具體成果，能夠成就事功。「大有為」也是由「小
作為」匯聚而成。

他認為成就「有為」，少不了下列三個步驟：

一、發現問題：什麼才是值得關心的問題，凡是妨礙目標之達成，就是亟待克服的問題。能察覺問題的存在，是即將有為的開始。

二、提出方法：只發現問題，卻未能解決問題，終究於事無補。能出點子，有策略，有方法，能解決問題，才叫有為。

三、具體成效：發現問題和提出方法，終究是「知」的領域，尚未進入「行」的階段。要實際去執行，並能有效率地完成任務，才堪稱有為。

What lesson did you learn?
早鳥先知先覺。

許姓地主說，他祖先留在四埔林場的土地，比這些還要多。

李金振覺得奇怪：「那你當初為什麼不申請補償呢？」許姓地主說：「如果我申請補償，就會增加設校的難度，我怕學校因此設到慈湖。」

 **7** 教育部畫了一個小餅
讓人充饑

凡事起頭難，尤其事非經過不知難。
突破一個點，就可以贏得了全部，但要突破這個點，
卻何其困難。要怎麼找到那個著力點呢？

興建校舍前置作業都已完備，
但是3億工程費從哪裡來

1997年7月1日前夕，教育部發文徵求國立高雄科學技術學院，增設專科部金門分部的意願時，黃廣志校長只花7分鐘就滿口答應，設校的地點選在四埔林場。

第一棟校舍——綜合大樓，2000年3月才開始動工，當中花了3年的時間在跑行政流程，過程千頭萬緒。

這些行政作業複雜而繁瑣，經李金振努力奔走協調，問題逐步獲得解決。

例如公有地無償撥用，縣府已經同意了；都計變更與環評的先期作業都做好了。四埔林場校區，顧名思義原為林場，保安林場之砍伐，經過李金振與陳水在縣長會勘後，達成具體共識，縣政府放棄要求林木之賠償，金門大學則提供校地作為林務所造林用地。

私有地協議價購，經挨家挨戶懇談，依公告現值5倍的價錢，爭取到地主們一致的首肯；至於最棘手的墳墓遷葬事宜，也因為李金振的誠懇溝通，贏得四埔鄉親的認同，500座左右的墳墓都遷進靈骨塔了。

現在是萬事俱備，只欠東風。

教育部只答應蓋一棟綜合大樓，
預算還在排隊，不知何時通過

校舍動工之前，要先提構想書，並經教育部審核同意。通常一本完整的構想書要發包委請建築師來寫，費用佔工程費若干百分比；待細部設計完成，還需再支付4%到5%的費用。李金振為了節省經費，就以私人關係請人來代寫，全校所有的建築，只花了幾萬塊錢而已。理由是只要參考他校的模式，稍微修改一下即可，等到細部計畫再和得標建築師詳加討論。

李金振好不容易蓋成了第一棟大樓，邁向建校的第一步，
心中喜悅，自然流露。

　　李金振提的構想書涵蓋行政大樓、教學大樓、圖資大樓、體育
館、宿舍等各方面的用途，但是教育部認為金門只是一個分部，只需
要一棟綜合大樓，裡面包含辦公室、教室、電算中心、圖書館、宿
舍、餐廳等等一應齊全。構想書雖然經過嚴格審查通過，但工程費只
核定3億元，而且分3期逐年編列。

　　本以為金門分部是新創設的單位，理應享有優先權，豈知仍要和
台灣其他國立大學一樣，排隊等候。

　　那時教育部每年總預算約1,800億，台大佔了100多億，成大將近
100億，金門分部綜合大樓工程費雖只有區區3億元，但教育部卻把它
編列在2,000億年度預算的後面排序，這樣想要通過實在是不可能。

　　因為這3億預算還要分期編列，也就是第一期先編1億元，這就
給李金振出了一個大難題，到底要先蓋一、二樓呢？還是先蓋前面半
棟？若先蓋前半棟，以後銜接會有漏水問題，若先蓋一、二樓，以後
施工要經過一、二樓，造成教學上的不方便。李金振為這個問題想破

頭，大傷腦筋。他多次向教育部長官請示，但是都不得要領。

　　李金振要如何突破教育部的設限，他要如何去克服難關呢？這是對他能力的大考驗。

林部長這才了解到李金振奔走建校的苦心，
以及中央對金門的疏忽

　　教育部長這時由吳京換成林清江，李金振就向林部長報告：「金門分部臨時校區分散在好幾個地方，還沒有自己的校舍，現在要蓋第一棟校舍，卻因經費無著，遙遙無期。政府既然要設校，金門分部應有自己的校舍，而且我們也提了構想書，希望部長能儘速蒞臨金門視察。」

　　林清江部長剛好過去有籌備中正大學的經驗，應該很容易溝通。但由於林清江部長常在部外跑行程，留在部長室的時間不定，李金振只好利用中午部長勢必要回教育部的機會，以守株待兔的方式，到教育部部長室走廊等候。見到部長匆忙從外面回來，立刻上前邀約，部長雖然一次又一次地婉拒，但總會把此事掛在心上。

這是金門分部綜合大樓，動工典禮的歷史鏡頭。

黃廣志校長（中穿風衣者），與金門分部學生合影，他對於辦學與建校，出力甚多。

俗話說精誠可感天，何況是人呢？林清江部長終於答應安排接見，時間訂在下班之前。李金振專程從金門赴高雄校本部，與黃廣志校長會合飛往台北。為了把握面見部長的難得機會，提早在中午出發，當天台北正下著午後雷陣雨，飛機在空中盤旋，久久下不來。

下午到台大校友會館等候部長下班，終於等到了與部長見面的時刻。不料李福登校長帶了建築師等一大票人員，整整講了29分鐘，最後只留1分鐘給金門分部。

換句話說，花了一個下午的時間，飛了將近1,000公里，只能和部長講1分鐘。

林部長原來安排半小時要接見兩個學校，每一個學校15分鐘，高雄餐旅學校（現已改名高雄餐旅大學）校長李福登安排在前面，把半小時的時間都用光了，李金振就趕緊把握最後1分鐘的時間，向林部長報告。

李金振只大略說金門分部迫切需要建第一棟校舍，並且已有構想書，希望能儘快編預算動土。

林部長對於李金振做了那麼多的前置作業感到很詫異，認為蓋校舍為何需要構想書、細部規劃，直接編預算動土就好了。他以為金門分部跟他當年創設中正大學一樣，政府已經編好了整體建設預算等著，此刻他才了解到李金振奔走建校的苦心，以及中央對金門的疏忽。

部長來金門輔選，
僅能把握車上15分鐘的時間，爭取認同與支持

　　經過一個暑假，1999年剛好碰上選舉，金門是林清江部長輔選的選區，有一天林部長專程搭機來金門輔選。

　　林部長要飛金門的前一天，鄉親陳昆仁在教育部當國教司副司長，先透露消息給李金振，說部長可順便去看金門分部。李金振趕緊致電黃廣志校長，從高雄搭機趕來，然後共同在金門尚義機場接機。但是部長的行程緊湊，來去匆匆，當天中午就要搭機趕回台北，所以陳副司長下飛機的第一句話就向李金振道歉，此趟無法去看金門分部，下午部內有一個重要會議要部長主持。

　　李金振很能理解部長百忙之苦衷，臨時想到的替代方案，就是請他幫忙安排黃校長陪坐林部長專車，從機場到輔選會場金城國中即可。沿途約15分鐘車程，黃校長有足夠的時間說明金門分部興建校舍的殷切需要。

楊朝祥接任教育部長，主持金門分部綜合大樓的動工典禮，中為黃廣志校長，左為分部主任李金振。

黃廣志校長說，金門分部已創設滿兩年，迄今仍四處借用教室，金門分部的要求不多，只要求3億元就能辦一個學校，相對於台灣其他國立大學來說是很少的。

林部長把話聽進去了，到了金城國中，上台輔選致詞，開口的第一件事就宣布金門大學綜合大樓3億元工程費，教育部同意全額補助，而且一次編足，逐年執行。這張遲來的支票不僅振奮人心，而且完全超出李金振的預期。

臨門一腳發揮功效，
第一棟校舍興建撥雲見日

林清江部長回去後在預算報院審查會中，特地把金門分部綜合大樓的3億元工程費，從原本排在教育部2,000多億後的年度預算排序，往前移到1,800億安全範圍之內，並且由逐年編列改為一次給足。

金門分部總算得到了一棟完整的校舍預算，就在2000年發包，3月29日動土。動工之前，還特別禮請佛光山的心定法師前來灑淨。主持人新任教育部長楊朝祥因飛機誤點，時間一再延後，所以誦經整整超出兩個多小時。整個灑淨儀式莊嚴隆重，並在整個校區各角落安裝擴音器，希望歷代列祖列宗能獲得超渡。

回顧這一段爭取興建校舍的過程，李金振感觸良多，每一步都走得如此艱辛，光是興建第一棟校舍就阻力重重。如果沒有很多人從旁

What lesson did you learn?
15分鐘換來一張支票。

就在15分鐘的車程中，讓部長知道金門分部的狀況。
金門分部分散在四、五個地方，難以辦學，我們只要求3億元就能辦一個學校，相對於台灣其他國立大學來說是很少的。
部長把話聽進去了。

綜合大樓動土典禮，灑淨儀式莊嚴隆重。

高僧灑淨，超度先靈，金門大學就是在
這樣的基礎下，一步一步建立起來的。

協助與支持，也沒有辦法那麼順利。因此，每一個人在適
當的時機與適當的地方，都可能發揮影響力，成為別人的
貴人。

　　從這一個過程中，令人體悟到做事不可能沒有問題，
但是遇到問題要想辦法解決，要能掌握時機，克服難關，
否則機會稍縱即逝，只有扼腕。

8 雙腳踏雙船，
心頭亂紛紛

母親力勸回成大與妻兒團聚，
然而奉獻鄉土的滿腔熱忱，令他陷入小我與大我的爭戰，
心情七上八下，一刻不得安寧。

李金振巧安排，陳水扁說：
希望金門的第一所大學能在我任內設立

李金振當初返鄉是要辦學與創校，光是辦學的問題就有千絲萬縷那麼多，而教育部的原始想法只要在金門設立一個小小的分部，滿足鄉親的期望而已；至於獨立設校，李金振翹首企盼，只聞樓梯響，不見人下來。

四埔林場新校舍之興建於2000年動工，翌年落成，在興建的過程中，剛好陳水扁總統到訪，李金振就下了一點功夫，替陳總統寫了一份講稿寄給總統府。這時新校舍只完成結構體，內部尚未裝修。

陳總統到訪的那一天，李金振把二樓的一間教室稍微佈置一下，裝了麥克風，講桌上擺了一盆花，用臨時發電機供電。

陳水扁總統認同講稿內容，乃拿著李金振提供的講稿照本宣科，指出早在800多年前，宋代大儒朱熹就到金門創辦燕南書院，從此文風鼎盛、人才輩出，歷代出了44位進士，人文薈萃，是一個文化底蘊非常深厚的地方。總統對於金門分部獨立設校，表示肯定與支持，隨即唸了朱熹的一首詩〈次牧馬侯詩〉：

> 此日觀風海上馳 ，殷勤父老遠追隨；
> 野饒稻黍翰王賦，地接扶桑擁地基。
> 雲樹蔥蘢神女室，岡巒連抱聖侯祠；
> 黃昏更上豐山望，四際天光蘸碧漪。

陳水扁總統最後宣示：「希望金門的第一所大學能在我任內設立。」

總統的政策宣示，台灣各大平面媒體與電子媒體都顯著報導，李金振隔天就把剪報資料上呈教育部。金門分部獨立設校的大前提確立了，教育部在政策上已知道總統的意思了。

陳水扁總統到金門分部訪視，受到學生熱烈的歡迎，
但也給李金振政策的願景。

綜合大樓興建的過程中，剛好陳水扁總統來視察，
李金振臨時用發電機發電裝麥克風，請總統講話。

教育部打太極拳，
每次回文只說：准予籌備

後來繼任的行政院長張俊雄、游錫堃等人來到金門，都相繼呼應陳總統的政策，也都強調這是政府的承諾，一定要貫徹一縣一所大學的既定政策。

扁政府的政策性宣示，鼓舞了李金振的士氣，無形中為他打了一劑強心針。他趕緊按照既定的作業程序，撰寫獨立設校計畫書，依近程、中程、遠程三個階段詳盡規畫，然後報部審查，後來教育部也派員來金門實地訪視瞭解。

2000年至2001年之間，金門分部爭取獨立設校進入衝刺時期，計畫書不停地送審與答覆審查意見，各項設校指標，無不傾全力準備，但教育部每一次回文都說：「金門分部申請獨立設校，准予籌備。」連准予先設籌備處都不肯鬆口。

李金振說，教育部的態度很模糊，只是准予籌備而已，若是准予設立籌備處，就有明確的單位了，將來就能變成正式的機關；然而現在姿身未明，到底要籌備到幾時呢？李金振也拿捏不準。他認為籌備工作本是各校自己可以決定的業務，根本無須報教育部同意，關鍵在籌備處之設立或獨立設校，才須教育部核定。

> ## What lesson did you learn?
> ## 從權力中心下手是個好的開始。
>
> 　　陳水扁總統拿著李金振提供的講稿照本宣科，對於金門獨立設高等教育學府，表示肯定與支持。
> 　　總統的政策宣示，台灣各大媒體都顯著報導，李金振隔天就把剪報資料上呈教育部。金門獨立設校的大前提確立了。

李金振費了多大力氣，才說服教育部長林清江，
一次編足預算蓋了綜合大樓，如今功德圓滿。

請辭成大教授或歸建返回成大，
李金振陷入天人交戰

　　扁政府的美意給了獨立設校的願景，教育部卻打出張三豐的絕學——太極拳，李金振無法接招。他心裡琢磨著，是乾脆放棄設校，回成功大學教書；還是留守金門，繼續為理想奮鬥？

　　2001年李金振已借調4年期滿，但是獨立設校的前景依然不明，不知還要等到何年何月？

　　他在成大的年資已滿20年了，在請辭與歸建之間李金振陷入長考，午夜夢迴他不斷掙扎，進退間拿不定主意，內心備受煎熬。

　　請辭台灣一流大學的教授職位，到高雄應用科技大學擔任金門分部主任，太太說這樣的犧牲太大了，勸他回成大。

　　85歲高齡的母親雖然滿心期待兒子留在身邊，但口頭還是力勸他回成大歸建，與妻小團聚，眼看兒子面對舉棋不定的苦惱，就用閩南語說：「你雙腳踏雙船，心頭亂紛紛。」

綜合大樓蓋好之後，經過幾年的發展，如今花木扶疏，對照當年光禿禿的身影，不可同日而語了。

綜合大樓落成典禮，陳水扁總統親臨主持，
留下了這張歷史鏡頭。

於公於私都該堅持到底，
不應半途而廢

　　李金振確實心亂如麻，不知如何是好？

　　不管請辭或歸建，他心中最不捨的還是母親。4年來的晨昏定省，母親已養成一種等待的習慣。即使他有時開會再忙，中午也會抽空送個便當回古寧頭南山老家，雖然只陪伴母親短短幾分鐘，像母親所說「像雷電閃爍一下子」，但是對母親而言，也是一種極大的安慰。

　　因此，對於去留，他有公私兩方面的考量。

　　於私，他去找太太陳麗媛商量，與4年前決定回金門的初衷不變，他有一個孝親的願望，希望能夠侍奉母親到百年之後。李金振同太太說：「反正我們還年輕，先侍奉老人家，以後的日子都是我們的，屆時可以遊山玩水，攜手走天涯。」

多年來陳麗媛一直體諒李金振的孝心，總是在背後默默地支持他、幫助他，她不願李金振將來有「子欲養而親不待」的遺憾，於是慨然同意。

於公，李金振心想籌備設校已進行四年，功課做了一半就半途而廢，豈不是白忙一場，變成李一半了嗎？多少的困難都已克服，難道不能堅持到最後一刻？何況這樣更對不起恩人吳京部長的賞識，以及他給吳京的承諾。

基於現實考量，
決定打包回成大

他想怎麼給自己的人生一個圓滿的交代，日後不會陷入一種做事不力的懊悔中。他一直思索解決方案，甚至想到是否可以由成大來設金門分部，這樣便能解決他借調期限的問題，或者歸建後再到金門分部兼課，每週都可以回來看母親。

然而這些辦法都行不通，他再度陷入天人交戰，歸建報到書來來回回辦了好幾次。最後，基於現實考量，他決定打包回成大。

What lesson did you learn?
人生有時需要冒險奇航。

2001年8月，李金振破釜沉舟辭去成大教授職務，繼續留在金門分部，為未竟的目標——獨立設校打拚。這是一趟冒險奇航。

破釜沉舟，李金振最終選擇留在金門分部，
繼續為獨立設校打拚

　　高雄校本部知道他要回成大歸建，就派總務長潘煌錕（土木系教授）接任金門分部主任。有一天李金振去拜訪潘煌錕教授，與他研商移交事宜，並準備將金門分部籌備的進度傾囊相授，潘煌錕說：目前高雄校本部的課程已排妥，接分部主任之後，未來勢必每週往返於高雄、金門之間，恐有分身乏術之虞。李金振聽到之後，便覺得放心不下。

　　有一天他在成大游泳池游泳，突然有一個念頭閃過：「我怎麼可以放下金門分部，自己在這裡悠然自得呢？」他立刻起身離開。

　　2001年8月，李金振破釜沉舟辭去成大教授職務，繼續留在金門分部，為未竟的目標——獨立設校繼續打拚。這是一趟冒險奇航。再回金門的那一刻，尚義機場已擠滿前來迎接的同仁。他們在得知李金振回成大歸建的消息後，曾忐忑不安地度過群龍無首的日子，如今又以失而復得的心情，來迎接這位一度想落跑的領導者重新歸隊，展開未來13年的新里程。

校長筆記

　　當亞歷山大打到波斯的時候，碰到一個智者，亞歷山大請教他怎樣才可以征服亞洲？智者就拿出一個「高迪王結」，很多人怎麼打都打不開。

　　亞歷山大二話不說，抽刀就把高迪王繩結一刀砍斷，揮軍進入了印度。

李金振破釜沉舟留在金門分部，絕對想不到
後來改大成功，有這麼漂亮的校園。

9 喝牛奶，
為何非要養一頭牛

國立金門技術學院的門牌矗立在校門口，
是經過多少時間、多少人的努力，
才得以成功？

為了獨立設校，高應科大老校長黃廣志，在教育部的學校變更審查委員會，舌戰群英，終於獲得通過，居功厥偉。

金門能否獨立設校的關鍵性會議，
金門分部沒有獲邀參加

　　李金振心無旁騖，不管設校面臨的結局怎麼樣，他已破釜沉舟，背水一戰了，決定留在家鄉金門奮力一搏，辦一所學校。至於要辦甚麼樣的學校呢？他雖然有理想，但是也沒有把握。如今他辭去成大教授，已成過河卒子，必須一直往前衝，沒有退路了。

　　金門分部這時只有幾百個學生、幾十個老師、五六個科系而已，臨時校區分散在好幾個地方。新校區四埔林場校園一片童山濯濯、雜亂無章，校舍也還未完工。獨立設校的計畫書不斷被退回，一本一本不斷地修改，報部審查的結果，都沒有得到肯定的答案，仍然只是准予籌備而已。

　　2002年，情況有了改觀，尤其增加了運動管理系與應用外語系這兩個四技，獨立設校的條件更臻成熟，李金振說：「我的心情更篤定了。」

2002年11月4日，教育部召開年度最後一次學校變更審查委員會，討論各大學校院新設、退場、改制、升格等問題，委員都是國內各大學的校長或知名學者，高應科大退休校長黃廣志亦是委員之一。

　　金門能否獨立設校，這是關鍵性一戰，但金門分部沒有應邀參加，無法陳述意見，李金振隔海關注。

李金振說帖完備，但審查委員仍堅持己見，
認為當地生都招不到，要如何向全世界招生呢

　　當天與會的審查委員大多對金門獨立設校存有疑慮，他們認為金門高中或高職畢業生若要升學，可以去台灣，為何非在金門設一所大學呢？也就是說喝牛奶，為何非要養一頭牛不可呢？

　　委員們有這種看法也是可以理解的，因為他們對於金門的情況缺乏瞭解，感情也很疏離。他們認為目前獨立設校各方面條件都尚未成熟，要滿足金門需求的方法很多，包括增加保送名額，何必非設校不可呢？審查委員的意見，與當時行政院各部會對金門分部獨立設校的意見不謀而合。

　　李金振早猜到委員的想法，在書面送審資料中即附上說帖，裡頭有詳細的Q&A。他強調金門設校並不如委員所認知的那麼單一，雖然金門高中和高職生每年畢業人數大約六、七百人，人數明顯不足，但大學並非國民教育，它是向全世界招生的，不僅限招當地學生而已，因此不必與當地學生人數成正比。

　　儘管如此，在會議審查的關鍵時刻，多數委員仍然堅持己見，覺得當地學生都招不到，要如何向全世界招生呢？

老校長黃廣志一夫當關，舌戰群雄，力排眾議，
終於通過金門設校了

　　黃廣志老校長剛退休不久，是少數可以為金門分部說話的委員之一。他聽到委員們的意見，就知道他們對於金門的背景、需求、條

金門分部畢業生，在主任李金振的引導下繞校園
一周。獲得獨立設校之後，此景可待成追憶。

件、現況等都缺乏實地瞭解，僅憑著模糊印象，想當然爾。

黃廣志校長則不同，他在任內時常到金門分部來履勘，對金門有
具體而深入的了解。因此在會議中，黃廣志老校長舌戰群雄，力排眾
議，發揮以一當百的戰力向其他委員說明、解釋。

李金振回想投票那一天，他雖然十分關心，卻一點也使不上力，
命運掌握在別人手上，他只能默默等待。就在準備搭機赴台的途中，
忽然接到黃廣志老校長的電話，劈頭一句：「通過了！通過了！」情
緒顯得非常雀躍而激動。

電話這一頭的李金振，也難掩興奮之情。他抬頭仰望雲空，長長
地吸了一口氣，覺得今天的天空特別美，雲淡風輕、天高海闊，他的
心情彷彿也跟著飛機一同起飛了，在藍天裡自由翱翔。幾年來孜孜不
倦，爭取獨立設校的努力，今天終於如願以償了。

金門爭取獨立設校，不僅滿足了海內外金門鄉親的期望，也是教育文化躍升的一大步。

2002年11月4日，
「國立金門技術學院」正式成立

　　這是大家奮戰的目標，夢寐以求的結果，喜訊突如其來，李金振幾乎不敢置信，心想從此可以翱遊天際，大展身手了。

　　排除萬難，獨立設校的目標終於達陣了，李金振如釋重負，從1997至2002返鄉努力多年，苦心孤詣總算有了交代，心情輕鬆踏實多了。過了不久，教育部公文發布下來：准予獨立設

校，並命名為「國立金門技術學院」，李金振就把通過審查會的那一天——11月4日，訂為校慶紀念日。

成功設校的關鍵，
在於李金振能夠掌握正確的時機與方向

回想這一段艱辛的創校歷程，李金振覺得勝利的關鍵在於能掌握正確的時機與方向。當然也要歸功於黃廣志老校長之代言。

首先李金振抓住一個重點，就是「一縣至少一所大學」的中央政策，這在陳水扁總統之前就已經存在了。例如苗栗縣成立聯合大學，宜蘭縣成立宜蘭大學，而宜蘭大學還是由宜蘭高工轉為技術學院再轉為大學的。政府一縣一大學的既定政策，讓金門設大學更具有法理的依據。

再者，自始至終李金振都將目標鎖定在成立金門技術學院，從沒想過降低標準先設專科學校。籌備建校期間，教育部技職司長曾告訴他，金門分部若獨立為專科學校，馬上就可獲准。金門分部隸屬於高雄工專，教育部原本要比照澎湖海專模式，在金門先設工專，專科學校的設校條件比較低，當時校園已經在動土了，順勢成立專科學校，完全不會遭遇任何阻力。

What lesson did you learn?
勇於挑戰的策略思考。

自始至終李金振都將目標鎖定在成立金門技術學院，從沒想過降低標準設專科學校。若換成別人當家作決策，今天金門恐怕只能設立一個專科學校而已了。

不過事後證明，李金振的堅持是對的，因為專科學校要升格為技術學院至少還需要三年，而且還須報教育部評鑑，評鑑的條件非常嚴格，能不能通過誰也沒有把握。

平心而論，如果沒有李金振堅持理想，一以貫之，不達目標決不終止的傻勁兒，就不會有今日；若換成別人當家，今天金門恐怕只能設立一所專科學校而已。以這一點來說，吳　京部長還是有知人之明，李金振發揮了強大的韌性與執行力。

得天之助，金門分部四分之三科系是二專，竟然通過設立技術學院

當時金門分部有6個科系是二專，兩個剛設的科系是四技，二專其實佔了四分之三的絕對多數，以這樣的條件來申請國立金門技術學院獨立設校，就如同店名是包子，結果賣的是水餃一樣，內容與本質並不符合。照說核准的應該是專科學校，結果卻通過設立技術學院，真的非常僥倖。

李金振獲選首任校長，金門技術學院正式掛牌，從單位搖身一變為獨立機關

金門技術學院已奉准設立，但是校長要如何產生呢？2003年年初，校本部的會計室詹文福主任打電話給李金振：「金門技術學院正在遴選校長，好消息都不與朋友分享一下！」李金振接獲電話也愣住了，他真的一無所知。

當時教育部作業是直接上網公告，沒有通知校本部，更不可能告知李金振，李金振得悉後才主動向教育部報名，和台灣知名的學者公平競爭，最後他被遴選為國立金門技術學院的首任校長。

2003年8月1日金門技術學院正式掛牌，李金振校長布達典禮同時舉行，教育部長黃榮村蒞臨主持。

國立金門技術學院成立後,走向這樣一
條不寬,但前景無限的坦途。

金門技術學院這時有了自己的關防，代表人事、會計獨立，有了自己的典章制度與章程，不再是一個從屬單位，而是一個獨立運作的機關了。

李金振萬萬沒想到破釜沉舟、向成大請辭後，兩年內即達成獨立設校的目標。回想當初前景不明，去留之間那麼煎熬，心情像15個吊桶七上八下，幸好今天有了好的結果，李金振十分慶幸當時的決定。

二專成了金門技術學院的包袱，專升本是獨立設校後的首要任務

俗話說：「英雄不怕出身低」，1997年學校創設之初，那時，校名全銜為「國立高雄科學技術學院附設專科部金門分部」，屬專科的位階，其內容也是名副其實、清一色是二專，這是李金振返鄉辦學與創校的起跑點。

但如何將專士提升到學士呢？李金振花了6年的時間，首先開闢了二技進修部的學制；接著又增設四技日間部，成功地把金門分部由純專士的科系提升到學士的科系。然而，2003年金門技術學院誕生之時，全校8個科系中，還有6個是二專，佔總數的四分之三。因此，這6個二專的科系，無形中成了不折不扣的包袱，也成為挑戰李金振能耐的課題。

「專升本」涉及兩個學制的轉換，實質上，就是一種升等。升等務必要通過一定的審查機制，猶如教授升等一般。甫創設的金門技術學院，各方面的基礎淺，體質虛弱，要立刻接受嚴格的評鑑與審查，談何容易。

如何推動「專升本」的目標，是李金振榮任首任校長的首要任務。一上任就要挑戰重擔，這次他採取的策略與過去不同，完全站在教育部的立場來思考問題。他很清楚地知道當前教育部既沒有預算，也沒有員額編制，唯一能給的，只有政策的核定。

首先，李金振推出「2+2=4方案」，即在不增加教育部負擔的前提下，將金門技術學院內部現有兩個性質相近的二專整併為一個四

獲准獨立設校的第一年校慶,學生著靚妝準備表演。

技。2003年，他將現有工商管理科和財務金融科合併為企業管理系，表面上總班級數不變，兩個科加起來4個班，量雖沒有增加，實際上由專科到學士，質已提升了。

李金振解決了兩個二專的問題後，事實上，只解決了全部問題的三分之一，還有4個二專尚待解決。因為性質不同，無法比照企管系的方式處理，但仍牢記不增加教育部負擔的原則，以創造金門技術學院大贏，而教育部也不輸的局面為上策。

簡單地說，李金振奢望「又要馬兒好，又要馬兒不吃草。」事實上可能嗎？

李金振經過一年多的奔走，穿梭於學校與教育部之間，努力向上級長官報告與說明，然而長官也愛莫能助，大多是白跑一趟，唯一的收穫是體會到從二專升到四技，簡直比登天還難。

2004年，突然出現轉機，教育部長官目睹李金振急如熱鍋上的螞蟻，以「不增加老師和經費的前提下，同意貴校將二專升格為四技，你要不要？」來試探李金振的膽識，沒想到李金振二話不說，於第一時間就回答：「要！」害得教育部一時措手不及，只好認了。

李金振以不增加人、不增加錢，換取4個二專就地升格為四技，本以為是件得意的傑作，不料返校後，竟被部分同仁指責為「喪權辱國」，將來勢必稀釋整體的教育資源。

仔細分析，由二專到四技，表面上不增加教育部在人事和預算方面的負擔，實質上班級數由2班增加到4班，每系增加2班，4個系共增加8班，每班學生50人，合計400人，每人每學年學雜費5萬元，400人

校長筆記

　　天行健：仿宇宙之道理，自強不息，階段性的任務達成，就是下一個任務的開始，其間無縫接軌。

金門分部的畢業典禮，儘管辦得熱熱鬧鬧，然而
在獨立設校未獲准之前，總缺少一份踏實感。

合計2,000萬元。所以對校務仍有成長，雖然教師員額未改變，但學
生人數和校務基金，雙雙均有斬獲。何況由專科到學士，更是層級的
提升。

　　金門技術學院一夜之間，全校所有的二專，瞬間變成四技，猶如
天蠶變。消息傳開之後，全國各技專院校紛紛要求比照辦理，教育部
擋都擋不住，立刻喊卡。把門關起來，宣稱今後所有二專，務必評鑑
一等才能升格為四技，頓時大家對教育部望門興嘆，對金門技術學院
也只有欣羨的份了。

10 改大，
完成不可能的任務

馬英九總統到金門訪視，為改大助一臂之力。
當輕舟已過萬重山，只見柳暗花明，豁然開朗，
然而，無盡的風景在險峰。

改科大第一次名落孫山，
立刻捲土重來

2006年，李金振連任金門技術學院第二任校長（配合大學法之修改，任期由每任3年改為4年），金門技術學院3足歲，符合升科技大學的年資門檻，他就著手運作改科大之申請。前提是以現有系所之水平作為評鑑指標，務必90%以上的系所（或全校至少10個系所以上）被評為一等，才能取得改科大的申請資格，稱之為「改科大評鑑」。

李金振本乎「取法乎上」的精神，各項評鑑指標，莫不以最高標準自我要求，傾全力動員全校的資源，計劃一鼓作氣打贏這一仗。評鑑結果，行政系統的校務評鑑榮獲一等，但學術單位9個系所中只有3個一等，其餘6個均為二等，距離90%的門檻還差一大截。此一挫折，猶如大學聯考名落孫山，無緣問鼎科大。李金振遭受失敗的打擊之後，沒有時間療傷，馬上決定捲土重來。

第一次改科大評鑑400多萬元的費用全是由教育部負擔，而第二次評鑑就要自己出錢。李金振從金門縣政府籌足了重考的報名費之後，立刻啟動第二波的改科大評鑑，首先以過去失敗的苦果為起跑點，檢討失敗的原因，目標鎖定學術單位一等，強化硬體、師資、環境等各種條件，希望在最短的時間內取得改科大的准考證。

向馬總統進言，
希望金門技術學院升格為金門大學

李金振堅守兩個最高指導原則：

一、只要不死心，就會有希望

他到教育部4樓高教司詢問改大事宜，高教司的蔡科長告訴他，你搞錯了，貴校是技術學院，應到5樓技職司洽辦。原來4樓承辦的是升格一般大學的業務，而技術學院根本無法升格為一般大學。金門技術學院只能申請改名科技大學，這是5樓技職司的業務。李金振另外請教以「一縣一大學」的國家政策重新申請是否可行？

改大之前，從鳥瞰中所呈現的校園規模，當年這兒可是一片荒煙蔓草，不辨路徑。

蔡科長直言，由於近年少子化現象，增設新大學已經不可能了，李金振心裡頓時涼了半截，但是他還是不死心。

二、利用有利機會，找到突破點

這時正在進行第二次改大評鑑，李金振思考如何找到翻身的機會，剛好2008年政黨輪替，翌年馬英九總統上任之後首次訪金。

馬英九總統的行程滿檔，沒有排上金門技術學院，因此無法聽到李金振的訴求。李炷烽縣長獲悉，就在馬總統離金前的綜合座談會中，安排3席給金門技術學院，讓李金振取得了更充分發言權。

金門技術學院3席集中火力，鎖定一個課題：「金門技術學院升格為金門大學」，特別強調是改制為「一般大學」，而非「科技大學」。

當時教育部次長周燦德也隨隊出席座談會，代表教育部回答說：「教育部對各校申請改大，有一定的規定，高教司和技職司都訂定申請的辦法。」

馬英九總統最後裁示：「金門技術學院升格為一般大學或科技大學，由教育部召開審查會議進行評估。」

總統裁示予以評估，
改大獲得一絲曙光

聽到馬總統這個裁示，李金振精神為之一振，發覺其中有一個轉機，改大無形中露出了一絲曙光。

座談會結束，馬總統的幕僚群很有效率地做足了功課，立即將公文發送給行政院。當公文從行政院轉送教育部時，上面寫了「金門技術學院改制為一般大學(或科技大學)，請依金門的特色和需求進行評估」。

李金振看到這份公文時，眼睛一亮，覺得是正面的回應。第一，它將一般大學寫在科技大學前面；其次，它強調要重視金門的背景與需求。雖然出現有利轉機，但還是要遵照教育部的決定。

教育部在2009年底迅速召開了審查會，審查委員都是教育部卸

任次長和大學校長，李金振應邀偕李錫捷教務長、崔春華秘書列席說明，會議主席為教育部次長周燦德。

教育部開審查會，
只有主席周燦德1票同意，其餘有條件同意

李金振會前向周次長燦德報告：「馬總統在金門得票率超過9成，馬總統一定很想回饋給金門的鄉親，這次是一個最好的機會，教育部應該做一個好球給馬總統得分。」周燦德次長一聽就懂。

會議開始，委員們就事論事，分別從體制、法規來進行討論，強調技職體系偏重技術，是為將來就業作準備；而一般大學則特別重視理論，重視通識教育以及培養領導人才，為研究高深學問紮根。兩者完全不同，無法相提並論，不宜輕易變換跑道。

主席周燦德每聽完委員的意見後，便說：「金振ㄚ，將來貴校改為金門大學後，某某委員的意見要照著做、不能忽略。」

會議進行得很順利，一直到結束時氣氛都很好。

但一個月過去了，卻沒有接到教育部任何回文，李金振就向教育部承辦人楊先生打聽當時的會議紀錄，獲得這樣的回應：「會議紀錄早就寫好了！只是上級沒有批准。」意思是只有主席周燦德委員一票同意，其餘全部委員皆有條件通過。

回文借力使力，
把申論題改成選擇題

改名為一般大學，不管准與不准，總要做個決定。一個月後，李金振終於收到教育部的回函。內容是把目前教育部有關改大的規定敘述一遍，意思是若要改為科技大學，就按技職司的規定辦理；若要改為一般大學，就按照高教司的規定辦理，但對於金門技術學院改為一般大學或是科技大學則隻字未提，也沒有提及會議的決議。李金振看到這份公文，有如丈二金剛摸不著頭腦，覺得很失望。

李金振整理一下思緒，靈機一動，當日下午立即回文給教育部表明：「本校選擇第二項——依高教司的規定改為一般大學。」李金振借力使力，將教育部原來不置可否，只作自我介紹的申論題改成選擇題。教育部收到回文時，有點出乎意料。

於是教育部立即將金門技術學院申請改科大已繳交的報名費400多萬元，撤案退費，取消改科大的資格；也就是說，金門技術學院已沒有機會再改科大了，只能重新申請改制為一般大學，一切手續歸零，重頭申請。

能夠獲得改大的機會，追根究柢還是歸功於2009年馬英九總統到訪金門，李金振主動爭取發言，利用善巧取得了政策性的支持；否則今天的金大可能是另外一種局面。

改科大撤案歸零，重新改大唯有一次機會，
三道難關必須克服

取得改大准考證後，擺在前頭還有三道難關，李金振必須努力去克服——1.書面審查、2.實地訪視、3.審查會議。

這是李金振為了從學院跨到大學所面對的3座大山，他要指揮全校的教職員生努力攻頂，一步走錯都會前功盡棄。這一段改大的心路歷程有如激流泛舟，有險灘，有浪濤，有洄流，有暗礁，稍一不慎就會翻覆；但當輕舟已過萬重山，只見柳暗花明，豁然開朗了。

然而，無盡的風景在險峰。

What lesson did you learn?
無盡的風景在險峰。

李金振反將教育部一軍，將教育部原來的申論題——「依照金門的背景，需配合聽取地方的意見，針對金門技術學院改成一般或科技大學進行評估」，改成選擇題。

要求主管絕不自我辯白，利用軟功博得好感，
計畫書通過了

第一關就是書面審查。首先向教育部提「改名國立金門大學計畫書」，若計畫書送審通過後，才有機會進行下一個關卡，否則就被判出局，得之不易的改大准考證立即化為烏有。因為唯有這一次機會，李金振不可能無限制地向馬總統要求重來，因為沒有退路，也不能捲土重來，因此必須步步為營、小心謹慎。

李金振擺出了背水陣，努力向前、全力以赴。計畫書每個細節，都一定要求完善，發現哪個學校剛通過了計畫書，也趕緊拿來參考。因此一個版本一個版本地寫，一個版本一個版本地改。報部前若發現更好的版本，全體同仁都主張大幅修正，但李金振則下達作廢重寫的指令，堅持將舊版本全部作廢，重新寫過。因為原稿再修，受到了思考的侷限性，李金振認為必須打破舊思維，才能有新的架構。因此，天天在操兵，操得人仰馬翻。

改大計畫書完成前夕，李金振偕李錫捷教務長和崔春華秘書赴教育部洽公，距下午與行政院薛承泰政委約好會面，還有一段時間，乃利用中午的空檔先就近赴台大醫院探望李嗣涔校長，再轉至台北市政府拜訪時任副市長的吳清基，就改大計畫書當面向吳副市長請益。

教育部訪視委員，實際到金門技術學院訪視，
李金振作了萬全的準備，如臨大敵。

李金振率領校內的一級主管，聆聽昔日成大老長官
蒞校經驗傳承，以爭取改大成功的歷史畫面。

不久，吳清基副市長接任教育部長，對本校改大計畫書已不陌生。

計畫書完成後，李金振信心滿滿地備文呈報教育部，教育部將之交給專家學者所組成的委員會嚴格審查。審查結果，全體委員所提出的審查意見合計超過150多項，李金振召集全體同仁研商因應之道，除了請同仁分工幫忙外，並親自針對每項審查意見一遍又一遍地細讀，絞盡腦汁地揣摩審查委員的用意。

部分同仁認為審查委員不瞭解金門，對一些課題產生誤解，因此，迫不及待地搶著辯解。李金振冷靜思考再三，最後決定不作正面的對應，而是利用善巧作了一個政策性的指示，要求主管同仁「絕不自我辯白，審查委員的意見不僅要照單全收，而且還要舉一反三」；他利用軟功博得了好感，計畫書後來也獲得通過了。

教育部審查委員訪視，
李金振沙盤推演，作了萬全準備

第二關是委員訪視。根據書面資料，教育部安排審查委員到金門技術學院訪視晤談教職員、學生，也對環境進行瞭解，查看是否如同

書面所陳述。李金振對此如臨大敵，戰戰兢兢。資料檔案、環境布置等基礎性的功課，李金振要求統一規格；至於教學特色、師生同仁的反應，採臨場各自發揮；面對危機處理，則預先作了沙盤推演，務求萬全準備。

成大校長翁政義擔任訪視委員會的召集人。最後在進行綜合座談會中，委員所提的問題，大多是建設性的建議，有些是精益求精的補充。從會場的氣氛，清楚地說明了訪視的成績，能否通過這一關，盡在不言中。

在訪視的關鍵時刻，金門縣政府發揮了臨門一腳的作用。李炷烽縣長任內已提供3億的改大基金，但那是改科大的基金，現在又換縣長了，訪視委員就問李沃士縣長對此有何規劃？李沃士縣長回答，支持大學的政策不僅不變，還要再加碼，當場允諾再加碼3億元。

訪視結束後，並沒有公布答案，但在訪視的過程和氣氛中，李金振已隱約感覺到應可以通過。

教育部召開學校變更審查委員會，
成敗在此一舉，必須全力以赴

第三關是審查會議。2010年4月13日教育部召開學校變更審查委員會，上次審查委員蒞臨訪視，只是代替教育部來現場視察，但做最後決策的依舊是教育部。因此，李金振對這個會議相當重視。

會場設在教育部5樓，由於該會議室使用頻繁，每個時段都滿

What lesson did you learn?
協調與說服。

要求主管「絕不自我辯白，審查委員的意見不僅要照單全收，還要舉一反三。」
李金振利用軟功博得了好感，計畫書後來也獲得通過了。

2010年4月13日，教育部這一場審查委員會，將有決定性的影響，
李金振在會場作了精心的布置，牆面貼滿了照片。

檔，中間只有休息幾分鐘而已，承辦單位也只收拾一下，不作任何布
置。李金振只好帶領同仁，利用有限的空檔，趕緊進行會場布置，舉
凡海報、裝飾、桌巾等都從金門帶到台北去，藉以營造出一種改大的
氣氛。

　　審查會除了金門技術學院相關主管列席外，還允許金門縣長李沃
士、議長王再生、教育處處長李再杭等代表金門鄉親與會，列席人員
大陣仗，比審查委員人數還多。

　　回顧2002年那次申請獨立設校審查委員會，金門分部並沒有受邀
列席，這一次有機會列席說明，而且成員還這麼多，李金振說，特別
感謝教育部長吳清基的關愛。

改變發言策略，營造有利氣勢，
主導會議的進行

　　這次的審查會議是改大成敗的關鍵，一翻兩瞪眼。行政院第6組
組長陳德新是金門成功村人（現已升為科技部常次），也是審查委員
之一。會前，李金振多次與他研商，決定由他最後發言打圓場。十餘

年來，李金振不時地跑行政院，主要是與陳德新常次研商金門分部獨立設校事宜，以及金門技術學院改大的策略，這次教育部召開的審查會議尤其重要。

陳常次判斷有部分委員並不樂見改大，將以更嚴厲的標準來質疑金門技術學院的發展現況。如何因應？陳常次計畫等各委員砲轟之後，最後他再來打圓場。會議前夕，李金振特地又專程跑行政院一趟，與陳德新常次針對明天的審查會議，再做最後的沙盤推演。

李金振認為如果委員先入為主，發言呈現不利的一面倒，最後陳德新想要挽回頹勢就很困難了。因此，他先跟陳德新討論，臨時決定改變策略，先下手為強，決定這次由常次陳德新首先發言，直接導入正題，營造有利的改大氣勢，主導會議的進行。

李金振回憶當天整個審查會議的過程，吳清基部長的支持是關鍵，他適時地做好球給學校得分。每當委員發言完畢，吳部長總會製造話題，讓金門縣政府和縣議會發表對改大的支持。會議進行到一個段落，簡報與答詢結束後，李金振等所有列席人員就到二樓會議室等待結果。

吳清基部長告知改大成功，
2010年8月1日國立金門大學掛牌

改大審查會議結束後，吳清基部長從5樓快速趕到2樓喜孜孜地向大家宣布：全票通過。

What lesson did you learn?
變通的力量。

李金振認為如果發言不利，最後陳德新想要挽回頹勢就很困難了。
因此他改變策略，由陳德新常次首先發言，直接導入正題，營造有利的改大氣勢，主導會議的進行。

金門大學旗幟飄揚，
多少的喜悅，盡在不
言中。

　　李金振得知好消息，立刻打電話回學校，正在上課的全校
師生都從教室衝出來歡呼，歡聲雷動，響徹雲霄。2010年8月1
日國立金門大學正式掛牌。

　　金門技術學院改大成功，李金振說，得力於金門縣政府的
全力支持與配合，委員所擔心的校務永續發展經費的補助及土
地的撥用，縣政府都表示會作金門大學的後盾。他說教育部及
各審查委員其實最在乎的就是這一點，譬如生孩子，若有人來
當保母就輕鬆多了；現在金門縣政府願意挺身而出，也讓教育
部吃了定心丸。

利用善巧化阻力為助力，
完成不可能的任務

　　從金門分部到金門技術學院到金門大學的整個過程，歷經13年，其間換了8任教育部長、3任金門縣長，甚至遇到政黨輪替。無論中央或地方，李金振都必須瞬間適應不同的政治文化。看似不可能的任務，結果卻關關難過關關過，好像奇蹟一般。

　　箇中原因除了中央政策性的支持之外，地方政府的配合態度也很重要。李金振曾在國立成功大學20年的磨練，擔任5任校長的秘書，對於創設大學的要件和流程，不僅早已了然於胸，而且完成了嫻熟的行政教育。

　　因此，當他奉令返鄉辦學與創校之初，憑他獨具的慧眼，已看出金門有設立大學的客觀條件，但是如果不是李金振的善巧，化阻力為助力，平心而論，今天金大哪能有這一番局面呢！對於這樣的結果，李金振不敢居功，他認為是幾百年的金門文風與文化底蘊造就出來的。

金門大學揭牌典禮，海內外嘉賓，
冠蓋雲集，建立了新的里程碑。

11 羅馬不是一天造成的

從一片荒煙蔓草、不辨路徑，
到如今一棟一棟大樓連雲起，校園美輪美奐，
到底是天數，還是人事呢？

硬體建設緊鑼密鼓，
環評、都更、整地、砍樹、種樹，一步一腳印

　　金大不論辦學或設校的發展目標，因得不到政府具體的允諾，所以都是沒有劇本可言的，走一步算一步，隨機應變。常言道「一步一腳印」，那還是有成果的，李金振說：「我們常常走一百步，也看不見腳印。」一般人只以結果論成敗，哪裡知道過程的困難與辛酸呢？

　　學校的定位已經塵埃落定，再來就要談實質面的硬體建設。

　　新校區的開發，環保署首先要進行環境影響評估，包括建築高度的規劃、師生人數的規劃、雨量的計算、用水量的計算、汙水量的計算、垃圾量的計算、交通量與停車場的計算、土方挖填平衡、綠覆率等；還有對四周環境影響的監測，包括空氣品質、水質、噪音振動、動物、植物等等，要求得非常地仔細。

萬事起頭難，金大的辦學與創校，就從野外這樣開會，
跟軍方與縣府溝通，一點一滴建立起來的。

其次是都計變更，縣府無償撥用的土地都是農牧用地、林木用地，土地的使用分區並非文教用地，也非建築用地。因此，從縣都計委員會到內政部都計委員會，要一層一層地通過都計變更，才能成為文教用地。

行政程序走了3年，解決之後才能進入建校的實際作業。四埔林場一片荒煙蔓草，地貌有墳墓、碉堡、坑道、靶場等，經過長時間大雨的沖刷，出現許多雨蝕溝，地面坑坑洞洞、崎嶇不平。

校園捐給林務所種樹，
作為300萬砍樹賠償金

四埔林場屬於保安林場，當初種樹都由阿兵哥以洗臉水一棵一棵去澆灌，好不容易才種植起來的，現在為了百年樹人，不得不犧牲十年樹木，因此就請陳水在縣長來現勘。

縣長說這片林場1公畝有200多棵樹，1公頃大約2,000多棵，14公

砍伐樹木之後，剩下一片赤土，就規劃種植苗木，
象徵著今日樹林，明日儒林。

頃就有3萬多棵；一棵樹從小培育到大所花的金錢，若以保守估計100元來計價的話，就需賠償300多萬元。

李金振說學校不是營利機構，現在建校舍的經費都還不足，那有辦法負擔樹木的賠償金。因此，他急中生智，想出一個兩全其美的辦法，他建議校園一旦開發後，就捐給縣政府林務所規劃為種植樹木的基地，讓林務所創造業績，以此來彌補砍樹的賠償金。這一點獲得陳水在縣長的同意。

因此，校園整地雜項工程告一段落之後，林務所立即依原先的約定，請怪手進入校園挖樹坑、換客土，並擇日舉行植樹儀式。同仁看到林務所動員那麼多林務專家和人手，很快地把校園大部分的空地，都種滿各式各樣的林木，乍看之下，還以為學校花了不少錢，殊不知李金振植樹萬株，卻不費一兵一卒。

後來林務所自忖力有未逮，於是向行政院農委會林務局請求支援。林務局衡量與其千里迢迢遠赴離島金門去幫忙植樹，不如撥500萬元讓學校自己去種。

為了百年樹人，砍掉十年樹林，李金振就在校園將砍下來的樹幹，聚集堆成一個圓木球，作為永恆的紀念。

有一天，局長向李金振致歉，表示原先答應補助500萬元有了變化，因為教育部和農委會分別屬行政院不同部會，預算分別編列，不能流用。李金振立即向局長提出解套的方法，林務局不必把經費撥給金門大學，將程序稍作調整，直接由林務局負責發包、付款，只要把樹種在金門大學校園即可。此一方案果然奏效，得標廠商是澎湖造林總隊。

　　不久之後，澎湖技術學院校長陳正男向李金振訴苦，說金門花木扶疏，澎湖是不毛之地，澎湖造林總隊不在澎湖種樹，卻跑去金門種樹，有沒有這回事？李金振將其緣由解釋給他聽，他才恍然大悟。由於李金振的因勢利導，解決了這個棘手的問題。

　　准予砍樹的條件就是種樹，李金振將四埔林場開發為大學校園，特別在校園中間保留一個廣場，命名為四埔林場，並進行林相更新。這是對生命的尊重。為了百年樹人而砍掉十年樹木，李金振說他欠樹木一份情，教育的目標必須尊重生命，所以後來他將砍下來的樹幹，在校園聚集堆成一個圓木球，作為永恆的紀念，也代表對「原住民」的尊重。

籌到經費就開工，
綜合大樓、學生一舍、學人一舍、圖資大樓、理工大樓陸續興建

　　在爭取獨立設校的同時，學校硬體建設的規劃也如火如荼地展開。當時四埔林場一片荒涼、地形地貌凌亂不堪，規劃顧問公司的設

What lesson did you learn?
欠樹一份情。

　　為了百年樹人而砍掉十年樹木，李金振說他欠樹木一份情。
　　教育的目標必須尊重生命，所以後來他將砍下來的樹幹，在校園聚集堆成一個圓木球，作為永恆的紀念，也代表對「原住民」的尊重。

計圖也看不出什麼門面，校園整體規劃遲遲未能定案。

如何早日完成校園整體規劃，顧問公司連提幾個方案，都未能說服審查委員，最後，李金振親自提供幾點建議，作為設計的原則。一是校園內道路管溝務必中正平衡、左右對稱。二是校園內要有足夠的開放空間，空地最好化零為整，有碧草如茵的廣場。三是校園的方向，各校舍一律面向正前方，同時從校門進來，形成一條中軸線。

李金振突發奇想的靈感，來自他服務20年的國立成功大學。以成功校區中正平衡棋盤式的格局為基礎，並吸取光復校區榕園和成功湖的優點，形成金門大學的校園。校地面積雖然不大，只有14公頃，卻擁有3座面積逾1公頃的開放空間，分別是四埔林場草原、以「壽與國同」為首的入口意象，以及大學池畔的國父紀念公園，成為金門大學的特色。校區道路寬敞且四通八達，由二線道到四線道，十分大器。此外，從國父銅像到綜合大樓前後棟穿堂，再穿過四埔林場，最後抵達楊忠禮園門廳，形成一條與環島北路垂直的中軸線。

校園工程的興建，採分進合擊的方式，
先通過甚麼就建甚麼

校園整體規劃定案後，接踵而來的任務就是校區開發。正常的作業流程為先開闢聯外道路，作為校區開發工程的施工便道；接著是整地，包括挖方和填方平衡；然後鋪設道路管溝、裝路燈；最後在各建築基地大興土木。

但政府核定金門分部之創設，並不像中山大學或中正大學等新創設的大學，先核定一筆總預算，再依施工進度逐年動支。金門分部創設之初，不僅未核定總體建校的計畫和預算，而且逐項工程都需報部申請，與各國立大學一起排隊等候，逐項審查，能否通過均屬未定之天。

由於百事待興，舉凡聯外道路、整地雜項工程，以及校舍興建，幾乎都同時進行申請，通過與否要看審查委員關愛的眼神。由於不同的工程項目有不同的承辦人員和審查委員，進度很難劃一，因此出現

前後順序顛倒的亂象。例如，整地雜項工程還沒有著落，綜合大樓卻已核定了。李金振的應變措施是採分進合擊的策略，在整體設計的校園建設藍圖準則下，各項建設工程，哪一項先通過就先動工。

金門分部借用校舍作為臨時校區，度過艱辛的頭5年。臨時校區分散在金門各鄉鎮，包括金湖鎮的金門農工實習農場、金湖國小、金湖鎮公所，金寧鄉的仁愛山莊，以及金城鎮的金門高中英士樓。宿舍區與教學行政區相距逾20公里，十分不便，大家都殷切期待能夠擁有自己的校舍。

經過嚴格的審查和冗長的手續，金門分部綜合大樓總算動工了。教育部最初的構想，工程費將全額補助。大樓地板面積的空間規劃，包括教學、行政、宿舍、圖書館、電算中心、禮堂等需求，全部集中在這一項工程。總工程費新台幣3億元，總樓板面積25,000平方公尺。

依教育部的指示，興建綜合大樓，其實已是金門分部的全部工程了，是第一棟，也是最後一棟。若從樓地板面積來反推設校的規模，不難發現教育部把金門分部，定位成一所袖珍型的陽春學府，而不是一所綜合大學。

然而，李金振卻不這樣想，要辦就要辦像樣的大學，因此，早在1997年創校之初，李金振在金門分部的文宣簡介中就明白地寫著：2000年獨立為專科學校，2005年升格為技術學院，2010年再升格為科技大學。

一棟大樓矗立在光禿禿的一片赤土上，讓人覺得很突兀

為了實現最後升格為科技大學的目標，李金振對綜合大樓的設計，就是一棟提供給學術單位使用的院館或系館，而不是包山包海的完整校舍。因為定位為第一棟，而不是唯一的一棟，設計理念和功能，自然有不同考量，所以當2003年綜合大樓落成啟用時，整棟大樓的空間利用都依實際需要做了變動。例如前棟1至4樓權充行政大樓，

一棟大樓矗立在一片光禿禿的赤土上，紀錄了
金大蓽路藍縷的一頁歷史。

　　左右兩側才是真正量身訂做的系館，每層樓分配一個系。後棟一、二樓權充圖書館和電算中心，西棟5樓權充男女生宿舍，地下室除停車場外，權充福利社和餐廳。

　　由於科系所逐年增設，師生人數隨之成長，綜合大樓日益擁擠，空間不敷使用日趨嚴重，而大樓的四周，所有的保安林木都被砍伐，只剩下今日圖資大樓後方的7株樟樹，一片赤土光禿禿的，在黃土高原中冒出一棟城堡，教育部范巽綠政次都覺得很奇怪。未來的任務，是校園的綠美化，以及爭取興建特殊功能的校舍。

　　金門技術學院奉准獨立設校後，校務發展蒸蒸日上，校舍之增建刻不容緩。由於與教育部當初只蓋一棟大樓的指示相違背，所以申請第二棟校舍之興建，缺乏正當性。如何突破瓶頸，李金振決定從長官最擔心的宿舍安全著手，說明原綜合大樓西棟5樓改裝為男女生宿舍和地下室餐廳，消防安全堪慮。教育部長杜正勝和政次范巽綠先後蒞校視察，決定核定1億元興建學生宿舍。

教育部長杜正勝（前右六）和政次范異綠（前右五），
對金門大學的創始，也有一份貢獻。

　　學生宿舍完工啟用後，因為只蓋一棟，不得不男女生住在同一棟，勉強區隔為東側住男生，西側住女生。1樓備有廚房餐廳，形成獨立的生活圈，與教學圈有了區隔，不過老師還住在借用的金門高中英士樓。教育部早已明示，興建教職員宿舍，不予補助。李金振知之甚詳，決定另謀財源，動用楊忠禮僑領所捐贈的新台幣2,000萬元，和校本部高應科大送給金門技術學院獨立設校嫁妝2,000餘萬元，合計4,000餘萬元工程款，興建34間學人宿舍，命名為楊忠禮園。這是第3棟校舍。

　　第4棟校舍是圖資大樓之興建。原綜合教學大樓後棟2樓權充圖書館，充其量最多僅能藏書4萬冊，還比不上高中職。問題呈現後，教育部也警覺到事態嚴重，必須儘速解決。然而中央財政短絀，教育部對各校之需求應接不暇，如何在各國立大學校院脫穎而出？李金振提出自籌款10％作為配套條件，即中央只用90％的經費，即可收到百分

李金振利用大馬僑領楊忠禮的捐款2,000萬
新台幣，首先蓋了楊忠禮園。

之百的成果，這是很划算的經濟效益。

興建圖資大樓自籌款10％，
錢從哪裡來

　　即使如此，但10％的自籌款，錢從哪裡來？以圖資大樓為例，總工程費新台幣2億元，自籌款10％相當於新台幣2,000萬元，這是筆大數目。李金振求助於金門縣李炷烽縣長，分析金門縣政府只要投資2,000萬元，在金門島上就增加了一棟價值2億元的圖資大樓，可提升金門縣文教資源，投資報酬率高達10倍。李縣長一聽就懂，欣然同意。

　　第5棟校舍，計劃興建理工學院院館，但是難以說服教育部。李金振勉強找到一個理由，原綜合大樓之教學空間固然是量身訂做，但

金大理工大樓落成，馬英九總統（右三）應邀剪綵，
可知這一棟大樓，李金振用了多少功夫？

各學系使用空間採統一規格，未能充分滿足理工學院的實驗課程。而且實驗室之安全措施亦需特殊考量，單獨蓋一棟實驗實習大樓方為上策。教育部覺得言之有理，於是核定預算1億8,000萬元，只提供食品、土木、電子等三系的實驗空間。當初的構想，曾考慮採取系館不動，只動實驗室，但又顧慮兩者分開兩處，不甚理想，於是決定將實驗實習大樓改為理工學院大樓。

此刻，又產生一個問題，理工學院還有一個資訊工程學系未納入。最後的定案是理工大樓的規模包含理工學院全部的系所。工程費亦隨之提高，加上鋼筋漲價，所以徵得教育部之同意，依物價調整追加預算到新台幣逾3億元。這棟一波三折的理工大樓，教育部仍未忘記10％的自籌款。李金振又去找金門縣政府，這時縣長換成李沃士，乃以圖資大樓的模式如法炮製地向李沃士縣長報告。李炷烽縣長已有先例，李沃士縣長於是比照辦理。

金大理工學院大樓的璀璨夜景，令人目眩神搖。

擴大內需，鼓勵重大工程，
李金振一口氣提出6棟建築計畫

2010年世界爆發金融海嘯危機，行政院院會擬定因應之道，決議「擴大內需，創造就業機會，請各部會加強公共工程的投資」，教育部奉指示發文給各公立大專院校：「調查各學校是否有亟待興建的重大工程，可提早動工，以創造就業機會。」

總務長陳水龍（現為北科大土木工程學系主任）提議蓋學生二舍，預算3億元。教育部發文時正值暑假，文中規定2010年底前必須動工，否則作廢，算算時間只剩不到半年。

台灣很多學校也面臨同樣的情況，因為時間緊迫，來不及甄選建築師，更遑論提出構想書和細部計畫書，只勉強提出薄薄的幾頁說明書備文報部，碰碰運氣。金門大學由於多年前就已完成各校舍的構想

沒有李金振的傻勁，事先擬好了構想書，
即使天上掉下來的禮物，都來不及撿。

書，而且一本一本地裝訂成冊，因此，只要工程費核定，隨時可以動
工興建。

　　由於年底必須動工的壓力，導致提案的學校不多。教育部為爭取
進度，立刻召開臨時審查會議，並通知各申請學校列席說明。總務長
陳水龍電話向李金振請示，是否由他就近在台北代表列席，李金振毫
不猶疑地回答，要親自偕總務長一起參加。17年來，李金振主持金門
大學的領導風格，原則上採分層負責、充分授權、依制度進行。但若
遇到關鍵性的校務，也就是凡有涉及到校務成長的開創性業務，李金
振就一定身先士卒，領軍衝鋒陷陣。

　　審查會議進行得很順利，在各校的提案中，以金大準備的資料最
齊全，被視為最有把握於年底前如期動工。可惜好景不常，一路被看
好的楷模，卻突然出現了一個大意外。教育部承辦單位指出，「學生
宿舍只補助第1棟，第2棟不再補助；金門大學過去已經補助興建了一
棟學生宿舍，所以本案不宜再提出。」此項突如其來的意外，真是考
驗李金振心臟的承受力和大腦的機智反應。

教育部投出變化球，
考驗李金振如何接招與揮棒

　　李金振心急如焚，但仍維持冷靜應戰。他暫時離開會場片刻，電話請營繕組調出學生一舍的構想書，赫然發現當初的設計是男女生各一棟，但因經費不足，所以先蓋一棟。李金振迅速再趕回會場，解釋本案是學生一舍的第二期工程。委員也立即回應說：「第二期可以。」金大學生二舍才得以敗部復活。這也是後來為什麼工程發包時，公告的工程名稱是學生一舍第二期工程，而不是學生二舍。

　　學生一舍第二期工程之空間規劃，包括餐廳、大學部學生宿舍、以及研究生宿舍等三部分，由於建築基地坐落在校園最後側，地形地貌呈現斜坡，且左右縱深不夠。李金振最後的決策是，將餐廳切割出來，向前移至亟待解決的砲陣地基礎遺址。此外，另將研究生宿舍分離出來，往前移至楊忠禮園學人一舍的西側，成為教師宿舍的一部分，並命名為學人二舍。按教育部之規定，各校老師宿舍的興建是不予補助的。

　　話說政府為搶救經濟危機，可謂急如星火，可是教育部審查確認的成案，總工程費合計不過二、三十億元。

　　「響應行政院的政策，教育部只提二、三十億元，所能發揮的作用有限，這樣不好看啊！」李金振順勢向審查會議提議。

　　「沒有辦法啊！各校擠不出來啊！」教育部無奈地嘆息。

　　「金門大學可以做到，目前還有許多校舍的計畫書都已準備就緒，就等工程費，一旦核下，隨時可以動工。」李金振拿金門大學之需求做為幫教育部達成使命之道。不偏不倚地講到教育部的心坎裡。

　　李金振自救救人的策略奏效，一口氣又提了體育館、游泳館、活動中心等3棟建築，總工程費逾新台幣5億元。能增加擴大內需和就業機會，教育部固然很高興，可是教育部的顧慮是金大提了這麼多案，而其他大學卻一案都沒有，恐被批評有偏袒金門大學之虞。為此李金振隨後提出建議，把體育館、游泳館、活動中心等3棟組合成1棟，名稱變更為「多功能健康活動中心」。

魔法校長李金振，利用金融海嘯危機，
向教育部申請蓋了6棟大樓。

獲得縣政府支持，
2013年付清尾款，6棟校舍完工使用

　　這些工程總經費約10億元，中央政府補助工程款80％，學校自籌
20％，也就是學校需自籌1.97億元。這筆自籌款金額龐大，還沒有著
落。因此，李金振擬了幾個方案：1.縣政府直接補助；2.向縣政府發
展基金無息貸款；3.銀行貸款，再用學生宿舍的房租來還利息。

　　他以第一方案為優先，縣政府也非常支持。但有關行政流程，於
縣政府通過後，必須經縣議會同意，尤其年度預算之審查，有一定的
時程，無法隨到隨辦。

　　整個工程費用很龐大，工程進度，依原先之規定，務必於年底前
動工，時間不能等，因此，在經費還沒有著落之前，工程不得不先開
工。在這裡李金振又破了一般籌足經費後才能動工的規矩。動工後工
程如何依進度付款呢？李金振先以中央的8億元補助款支付，再以時
間換取空間，利用施工期間籌措配合款。

　　2013年，6棟校舍陸續完工，中央補助款也用得差不多了，但自籌
款尚未到位，青黃不接的窘境十分危急。在努力的過程中，縣府主計
室提出專業質疑，豈有工程已經接近完工，再來申請工程費的道理？

　　情勢十萬火急，李金振雖處變不驚，臨危不亂，但承受工程尾款

即將跳票的壓力真是寢食難安。此刻，幸運之神又降臨在金門大學身上，金門縣政府教育處李再杭處長奉李沃士縣長的指示，首先協調府內各處室的意見，再奔走議會殿堂。李金振緊急動員同仁進駐議會，傾全力爭取議員的支持，最後全體議員無異議全票通過，金大6大工程畫下完美的句點。

李金振興建的圓樓，就像大陸福建的土樓一般，已成為金大的一景。

金大硬體建設能有今日規模，
全憑一股傻勁

李金振說如果不是金融海嘯擴大內需，不可能有機會興建這6棟校舍；如果不是憑他一股傻勁，對的事要快做，先蓋再說，沒錢再設法，今天金大的發展也不會有這樣的規模。這些事外人看起來好像都很簡單，然而只有主其事的人才知道其中的困難。

為什麼金門縣政府和縣議會對金門大學總是有求必應？原來改大的最終會議，縣長李沃士和議長王再生均應邀列席，會議中提到將來改大之後，有很多校務永續發展所需的經費，一定要地方政府全力配合與支持。這一點府會首長都有共識，也在會議中作出保證，讓教育部放心。也因為有府會首長們的承諾，讓李金振對金門大學的發展更加胸有成竹。

金門縣政府說到做到，2010年8月1日金門大學掛牌，掛牌之前，陳水在前縣長和李炷烽前縣長合計留有建校基金6億元，李沃士縣長繼任後又加碼3億元，總共9億元。李金振希望不要動本只用孳息，但利息很低，不敷使用就不得不動到本金。

在地方政府鼎力支持下，校舍一棟一棟地興建，然而，單有硬體建設，並不保證創校和改大等目標必然成功。李金振指出：實際上，

校長筆記

有為的定義：
一、意志力：有面對問題、解決問題的決心。
二、有思想：有系統，有組織，整體規劃，且具可行性，有方法、
　　　　　　有策略的理論。
三、有勇氣：有承擔責任的肩膀，有不怕挑戰的信心。
四、有自覺：執行過程有檢討的機制和反省的能力，且隨時可以應
　　　　　　變調整。

金門縣長李沃士（右一）與議長王再生（右二），列席教育部
金門技術學院改大最終會議，表示要在財務上鼎力支持。

金大的條件還不成熟，之所以能夠順利通過改大的嚴格考驗，歸功於
金門地區長期以來前輩的犧牲所建立的形象。金門大學在前人的庇蔭
下得以快速成長，但很多必備的條件，如運動場、新設的學院系所之
空間，迄今都尚未到位。

　　然而，早在4年前，金門大學就獲准掛牌，這無異是先畢業再補
修學分。老實說，現在畢業學分都尚未修完。身兼評鑑委員召集人的
前成大校長翁政義，回憶年輕時曾在其家鄉，親眼目睹金門人為了
823砲戰而避難到台灣，在鹽水村莊的角落搭帳棚過日子，生活極為
艱辛。這些金門人為何要離開他們賴以維生的家園呢？因為他們的家
鄉在幫台灣擋子彈。

　　因此，翁政義回顧金大評鑑時的心情，直言「台灣欠金門的太多
了，難道不用還嗎？」李金振時刻自我提醒，要牢記飲水思源，千萬
不要以為有了一點小小的成果，就以為大功告成，以後還有很長的路
要走，還有很多的學分要補修。

12 回首前塵，
欠了太太一世情

李金振創辦金門大學成功之日，就是太太陳麗媛謝世之時。
她一生的使命，好像就是陪著李金振完成這一件重大任務，
完成之後就走了，只留下兒子李宗儒，
揮一揮衣袖，不帶走一片雲彩。

太太只在他身邊靜靜守候，
守候他要給她的幸福日子

李金振說：「太太是我這輩子最大的貴人，沒有她的包容、理解與支持，我走不到這一天。」

他與太太陳麗媛是經由筆友認識而開始交往，太太初次和他見面時，覺得他不是帥哥型的人，本來打算到此為止，但又被他的誠懇、踏實、可靠所吸引。兩人結為連理之後，人生的幾個重要階段，太太都站在支持他的立場，午夜夢迴，回首前塵往事，都讓他感動與不捨。

太太可以說是他這輩子最大的知音，兩人相知相惜。他一路在前面衝鋒陷陣打拚，她在後面穩住陣腳，無怨無悔默默地支持──滿足了他孝親的願望；滿足了他衣錦還鄉、出人頭地的願望；也滿足了他辦學與創校，成就事功的願望。

李金振就讀台師大，筆友陳
麗媛認為他長得不怎麼樣，
但看上他的內在美，所以願
意北上與未來的婆婆見面。

171

自從結婚以來，他都在努力讀書，他都在努力做事，他都在努力研究，力求早日升等。他一輩子都有目標，都在不停地努力。

他一直要太太等他，等到有一天功成名就；等到有一天完成任務、卸下仔肩；等到有一天桑榆晚景，攜手漫步共看晚霞；等到有一天環遊世界，共享奮鬥的成果；等到有一天含飴弄孫……。

而她只在他身邊守候，守候他給她的承諾，守候他給她的憧憬，守候他要給她的幸福日子。太太一直相信他的承諾，因此，總是在旁邊靜靜地等待，希望有一天可以摘下幸福的果實，彌補她長時間的守候與犧牲。她懷抱這樣的想望過日子，希望老天有眼能成全她。

換肝不成，
6年間不斷在住院與出院之間打轉

2003年底李金振第一次下南洋，隨著縣長李炷烽去募款，第一站剛到了菲律賓，就接到太太發病的消息，由鄰居幫忙送到醫院急診。

突來的消息，好像投下了一粒石子，攪亂了他的心湖。

此刻他人在外頭，一顆心卻掛念著家裡頭，想到太太一個人在病床受苦，兒子又負笈美國，沒有人可以安慰，更別說在床前照顧了。李金振步履沉重，心中真是焦急萬分，一直找領隊協商提早結束訪問行程的可行性，但這是團體行動，機票很難切割處理。

等到下一站汶萊，他接到電話得知太太已經住院，由她大姊陳絢敏女士請假前來照顧，心中的石頭才落了下來，大姊還安慰他放寬心，先忙完公事再說。第一次下南洋就碰到太太生病，讓他痛苦地跑完全部行程。此趟南洋之旅，始見金門旅居海外華僑，人數之眾，組織之嚴密，富可敵國、心繫故鄉之情，溢於言表，也種下僑資是金大後盾的因緣。

2004年太太紅斑性狼瘡復發，經由同仁顏郁芳教授介紹，從台南緊急送往高雄長庚醫院就醫，給一位肝臟科權威盧醫師檢查。盧醫師看到太太的肝臟已經無法透析，發現太太的身體有啟動肚臍通往肝臟血管的跡象，證明肝臟已完全失去了功能，需要換肝。

兒子李宗儒（現崑山科技大學助理教授）在美國佛羅里達大學攻讀博士學位，得知訊息後立刻從美國兼程搭機歸來，但換肝需要安排時間。第一步是先住院身體檢查，因為兒子略胖有輕微脂肪肝，為了達成手術的條件，每天都繞著醫院四周的馬路跑步。

　　主治醫師陳肇隆原已訂好換肝期程，卻突然要到加拿大發表論文。等他回來之後，要求再作一次檢查，發現太太的身體條件已不適合動這麼大的手術了。

　　於是就暫緩動手術，每天接受藥物治療，其中包括鎮靜劑之類的口服藥。由於太太早餐吃藥後，一天都昏昏沉沉的，就想改在晚餐吃。但是那天早上已經吃過藥了，若當天晚上又吃，是否會過量，太太為慎重起見，請教護士小姐，護士小姐說沒關係可以吃。結果果然服藥過量，昏迷了三天三夜緊急送進加護病房，主治醫師說只有1％的甦醒機會，要靠禱告的力量。

兒子李宗儒（右）聽說媽媽生病要換肝，立刻從美國束裝返國。這是他們母子情深的資料畫面。

李金振聽到這個消息，心情沉到谷底，就跟兒子天天禱告。曾任教於金大的美籍漢貴恩教授夫婦，在美國動員當地教會弟兄姊妹為太太禱告，憑著信心將太太從死神手中拉了回來。

太太昏迷病危住加護病房期間，每天探病的時間有限。有一次他用手按摩她的眉毛，模仿兩部汽車透過電線接電的原理，發現她的眉毛有抵抗力了，察覺太太已有好轉，內心又驚又喜。隔天一早忽然接到醫院通知說：太太醒來了，李金振高興極了，父子倆趕快跑到病床旁，看著太太，心裡有千言萬語想要跟她說，因為怕她又陷入昏迷。

2004年到2010年6年之間，太太的病情反覆無常，時好時壞，不斷在住院與出院之間打轉。

太太與病魔孤軍奮戰，
幾次發病李金振都因公下南洋

李金振說太太做人太好了，她在成大附工教書，擔任導師期間，親自帶學生打掃教室，其徹底的程度令人難以想像。擦灰塵不是只限於課桌椅和玻璃窗，而是把天花板的日光燈卸下來洗，以行動來說明什麼叫做一塵不染。她又視學生如己出，救濟貧弱更是不手軟。有一次人已住進高雄長庚加護病房，有一名學生家長打電話來借錢；上一次已借給她五千元未還，現在人病得這麼嚴重，在這節骨眼大可不必再借給她，沒想到太太還是吩咐兒子特地開車回台南，直接送她一萬元。

有一次李金振又約好下南洋募款，人已到了高雄小港機場，突然接到太太又陷入昏迷的電話。到底去或不去呢？李金振陷入痛苦的掙扎，但是他已經跟縣長約好行程了，最後還是忍痛選擇下南洋去了。

李金振為了辦學與創校，每天在金門有忙不完的工作，只留下太太在台南與病魔孤軍奮戰，住院、出院她都是自己來。所以他每週末回台南時，常常是太太通知他直接從機場到醫院，連家都沒

李金振常會下南洋訪問或募款，幾次接到太太病重的消息，他的心裡飽受煎熬。

回。太太人緣好，每次交代他記得帶金門名產分送護理站醫護人員；週一返校上班，又再吩咐他帶台南關廟盛產的鳳梨給同仁分享。至於週一到週五，太太就交給了兒子照顧。

太太的病情日趨沉重，肝臟已無法分解阿摩尼亞（Ammonia），導致排便不順，必須灌腸或吃瀉藥，如果幾天沒有排便，整個人就會神智不清。

有一次清晨他要出門去南洋募款，太太已經痛苦地躺在地上翻滾，非常地難過，意識已模糊不清，而且又開始拉肚子，需要等一段時間才能恢復。但成行在即，航班業已確定，同行的同仁已在小港機場集合，李金振說那時真是舉步維艱，最後還是忍痛請看護代勞。離開家，李金振沿途一路打電話，但太太都無法接聽，因為阿摩尼亞一直很高。

晚餐前，他從印尼雅加達再打電話給太太試試看，突然發現太太恢復正常了，還關心他的行程呢。明明出發前還倒地不起，怎麼一下子就好起來了，讓他有撥雲見日的感覺，也讓他格外感到珍惜。

李金振宣誓就任金大首任校長，這是他當初返鄉時所預想不到的。

金門大學揭牌典禮，馬來西亞僑領楊忠禮特地回來參與盛典。

創辦金門大學成功之日，
竟是太太謝世之時

　　2010年太太住院的時間已經比出院的時間還長，住院通常都先進急診室，再轉一般病房或加護病房。2010年8月1日金門大學掛牌，李金振榮膺首任校長，7月31日在台北舉行布達典禮。於是太太與醫生商量，同意她暫時出院，太太就在看護陪伴下，和李金振及兒子一起北上到教育部參加布達典禮。

　　布達完之後，又立刻搭飛機趕往金門，參加8月1日當天的金門大學揭牌典禮。那天上午活動很多，太太坐著輪椅，很冷靜地跟著他跑行程。在典禮之前，她坐在李金振的後面，傳了一張紙條給他。

　　紙條上寫著：「因為你老實，當初才嫁給你。」原來太太希望李金振致詞的時候說這句話。

金門大學成功之日，就是陳麗媛謝世之時。

李金振返鄉滿足了他孝親的願望，教育部長吳京（左二）是幕後
的推手，與李金振的母親（中）與大哥（右三）合影。

　　典禮完畢隔天，太太身體又不舒服，於是立即返台住院，到了
2011年的元月過世，期間相隔不到半年。

　　李金振創辦金門大學成功之日，就是太太陳麗媛謝世之時。她一
生的使命，好像就是陪著李金振完成這一件重大任務，完成之後就走
了，只留下兒子李宗儒，揮一揮衣袖，不帶走一片雲彩。

　　回想太太跟他一路走來，李金振說：「太太始終支持我的決定，
1975年剛自師大畢業自願回金門高中任教，以及1997年由成大借調回
到金門分部，她都支持我的決定。2001年放棄成大教授，那時心裡掙
扎更大，最後她也都支持我。她一直體弱多病，兒子又遠在美國念
書，我隻身在金門打拚，放她一個人在台灣，而她卻在我任內過世，
還等不及我退休之後。」

　　李金振想到這裡就不免自責，內心有說不盡的傷痛。

報親恩，
返鄉陪伴母親13年

李金振內心一直有一種想法，就是「母親年邁，我們還年輕，先陪陪她老人家，等母親百年之後，日子都是我們的。」這也是他回金門服務的理由。他的想法沒有錯，妻子也願意配合。母親40幾歲就守寡，含辛茹苦地把他們兄弟姊妹養大，他想要報親恩，他想顯親揚名盡孝道。

這些想法支撐著他創辦金門大學，也因此李金振返鄉陪伴母親13年。「我感覺這是一件很幸運的事，年過半百還能享受晨昏定省之樂，天下遊子有幾人擁有？因此，每逢中午若會議沒開過頭的話，我都會送便當回去，順便陪陪她老人家。」對李金振來說，這不僅是盡孝道，簡直是一種享受，更是每天最快樂的時刻。

金門大學掛牌之日，海內外嘉賓雲集，舞獅慶祝。

哪怕工作再忙碌，李金振都會抽空回家陪母親坐一下，離開時母親會說「再坐一下嘛！」不過母親也很體諒他公事繁忙，台灣金門兩地跑，還要到南洋募款，到大陸和海外招生。她總叮嚀李金振，若出差不能回家一定要說一聲，不然她會在家門口張望等待，她也擔心百年之後兒子不在旁邊。

生命中兩位最重要的女人，
先後離他而去

2010年母親仙逝，享壽94歲，翌年妻子也不治過世，享年60歲，他生命中兩位最重要的女人，都先後離他而去了。

他給了母親一個很好的晚年，但是他給妻子的承諾卻無法實踐，那一句「母親百年之後，以後的日子都是我們的」話語言猶在耳，但是她已經無法等他了，午夜夢迴時，鴛鴦悲折翼，真是情何以堪！

他母親看到他成功了，可以老懷大慰，壽享耄耋，溘然長逝，含笑九泉了；然而他的太太正值壯年，卻中道分手，無法分享他們共同奮鬥的成果，卻是他這一輩子最大的遺憾了。

「曾經，執子之手，與子訴說，終只是浮煙；曾經，死生契闊，與子偕老，都只是無果。」2014年7月31日李金振要退休了，想到對太太永遠無法兌現的承諾，實在愧對她一生一世的深情，只有三生石上，再續前緣了。

一位創業家老婆說過這樣的一段話：「女人的偉大，就是無論身邊的男人成功與否，只要這個男人擁有夢想，都會無條件地支持他，默默地陪伴他，並照顧好一切。而男人的責任就是無論遇到任何的挫折打擊，都不要放棄自己的夢想，證明給自己的女人看，她對他的支持和鼓勵是對的！」這該是李金振與陳麗媛兩人的最佳寫照了。

　　女人的偉大，就是無論身邊的男人成功與否，只要這個男人擁有夢想，都會無條件地支持他。

　　男人的責任就是無論遇到任何挫折打擊，都不要放棄自己的夢想，證明給自己的女人看，她對他的支持和鼓勵是對的！

鄉情
似海
愛如濤

13 僑界四大天王，
認養金大五大學院

金門人的刻苦出洋、回饋鄉里，
已從這種內蘊衍化為金門人的傳承，
從早期的返鄉蓋學校發展教育，到最近的捐資興學，
金門人這種故鄉之愛、鄉土之親，
雖然已經過若干年代了，但是這種精神一直還存在。

地瘠民貧，丁口眾多，
金門人就像擠牙膏一樣，被擠到南洋去了

金門地瘠民貧，看天吃飯，元朝伐木煮鹽，明末鄭成功從金門料羅灣揮師東渡收復台灣，直到1949年國府自大陸撤守之前，金門幾乎沒有樹木，童山濯濯，冬天風沙撲面如刀割，砸人肌膚，老百姓出門還要包頭巾，所以在各村各社的迎風口，都豎立了風獅爺鎮風避煞。

金門是一個儒家化與宗族化很深的地方，傳統多子多孫的觀念曾盛極一時，因此子孫繁衍很快，丁口眾多，每家的耕地經過世代相傳，每人能繼承的越來越少，當土地已無法養活這麼多人口，就會像擠牙膏一樣，一點一滴陸續地被擠到南洋去。

從清末廈門五口通商開始到抗戰勝利、國府撤守大陸前夕，金門有幾波移民潮，金門的壯丁背著一只簡單行囊，拋妻別子，辭別父母與鄉井，一個人千里迢迢地搭船到廈門轉往南洋打拚去了，這樣的移民過程，金門人稱為「落番」。

這些移民的人，多半是目不識丁的「青暝牛」，少部分的人讀過幾年私塾，能夠寫批信或記帳，可以當東家的「財賦」（會計）。移民人的傳統觀念很強，但受的教育很有限，背負著父母與妻兒的想望，希望能夠出人頭地，回家蓋番仔樓光宗耀祖。

> ## What lesson did you learn?
> 落番。

金門的壯丁背著一只簡單行囊，拋妻別子，辭別父母與鄉井，一個人千里迢迢地搭船到廈門轉行南洋打拚去了，這樣的移民過程，金門人稱為「落番」。

俗諺有云：「六死、三在、一回頭」，能夠成功歸來的百不得一，斑斑的血淚史隱藏在歷史裡面。

出外打拚九死一生，金門人從土地裡養成的刻苦耐勞，成為他們落番奮鬥的張本

移民的環境複雜而艱困，俗諺有云：「六死、三在、一回頭」，能夠成功歸來的百不得一，斑斑的血淚史隱藏在歷史裡面，無限的辛酸苦痛，只有自己暗夜忍淚；而多少妻子的空閨獨守，從青絲等到了白髮還等不到歸人，一輩子的青春與幸福就都葬送了。

儘管環境這麼險惡，但是金門人從土地裡養成的刻苦耐勞、腳踏實地、堅韌耐性，成為他們落番奮鬥的張本；金門人從家族、宗族與鄉井薰陶所得的凝聚力，又成為他們求存與發展的精神內蘊。

捐資興學，是金門人對故鄉之愛、鄉土之親，已經成為一種精神內蘊

金門人的刻苦出洋、回饋鄉里，已從這種內蘊衍化為金門人的傳承，從早期的返鄉蓋學校發展教育，到最近的捐資興學，金門人這種故鄉之愛、鄉土之親，雖然已經過若干年代了，但是這種精神一直還存在。

2003年，縣長李炷烽為水陸法會到南洋募款，李金振第一次隨隊前往，在吉隆坡首次見到了楊忠禮主席。楊忠禮主席出生在大馬，他的尊翁楊清廉先生，是金門湖美村東堡人，早年落番到馬來西亞打拚，到了楊忠禮這一代青出於藍，發展成為跨國企業，被譽為馬來西亞的王永慶。

楊忠禮──馬來西亞的王永慶

出生在大馬，尊翁楊清廉先生，是金門湖美村東堡人，早年落番到馬來西亞打拚，到了楊忠禮這一代青出於藍，發展成為跨國企業。

楊忠禮返鄉，還沒有到達接機的大廳，就宣佈要捐款2,000萬元。

與馬僑楊忠禮博士相見結緣，
找到金門大學的第一根支柱

那一天楊忠禮先生致詞，從西裝口袋取出講稿，向諸位貴賓宣讀：「第一、縣長地位超然，不宜涉入宗教活動。第二、宗教活動若非辦不可，應以簡樸為原則。第三、將省下來的錢來辦教育。」他的致詞只簡短幾句，剩下的時間就請大家自由發言。

於是大家就將目光轉向李金振，他本來只是隨隊而已，並非主角，大家要他致詞，他不得不上陣，但是又不好意思喧賓奪主，不過他還是恭敬不如從命，致詞中坦承這趟行程的目的，主要是為金門技術學院募款。

李金振話鋒一轉：「但我發現有一件事比募款還重要，我初到這裡就覺得很震撼，發現我們的鄉親能在馬來西亞甚至世界各地，發展出如此輝煌的成就與事業，這種成就應該在校內以博物館的方式呈現，做為金門子弟或學子學習的典範，也讓外賓看到金門人的驕傲，若能把這件事做成，我覺得遠比募款更重要。」

楊忠禮主席送客時，拍拍李金振的肩膀說：「金門大學的發展，在適當的時機我會有所表示。」

過了幾個月之後，楊忠禮先生回金門來了，李金振和縣長李炷烽去機場停機坪迎接，楊忠禮一下飛機還沒走到機場大廳就宣布要捐贈新台幣2,000萬元，這是一筆很大的數目。

李金振第一次收到這麼大的一筆捐款，就將這2,000萬元再加上獨立設校時，校本部高應科大給予的2,000多萬「嫁妝」，加起來4,000多萬元，建造老師宿舍，取名為「楊忠禮園」。

楊家共捐5,700多萬元，協助興建了楊忠禮理工大樓、楊忠禮園、楊肅斌演講廳、陳開蓉會議廳

2007年11月17日楊忠禮偕夫人陳開蓉返鄉參與楊忠禮園揭牌，金門縣長李炷烽致詞，他特別代表鄉親感謝丹斯里拿督斯里楊忠禮博士賢伉儷的遠見和慷慨，在金門樹立了資助興學的典範。

李縣長表示，「楊忠禮博士的夫人楊陳開蓉是位了不起的教育家，楊夫人還說要世代傳承、回饋鄉里，希望第三代、第四代、第五代，世世代代，行有餘力，一定不要忘記為自己的家鄉金門，貢獻一己之力。

李縣長說，楊忠禮博士賢伉儷的這一份愛鄉情懷，就是同根、同源，血濃於水的一份情感，也是金門立命不可或缺的條件，只要這個精神存在，力量團結，相信金門技術學院升格為金門大學的目標，很快的就會呈現在鄉親的眼前。大家抱著樂觀、積極，共同以赴的心情，來期待金門大學早日的成立。」（引自2007年11月17日金門日報新聞報導）

「楊忠禮園」揭幕啟用，楊忠禮又捐了500萬元作為校務發展基金。李金振就用這500萬元去裝修演講廳，以他兒子命名，稱為「楊肅斌演講廳」；後來他的夫人陳開蓉女士捐了私房錢200萬元，於是用以裝修一間會議廳，命名為「陳開蓉會議廳」，截至目前為止，楊家已捐了2,700萬元。

鴻海郭台銘董事長捐款100萬美元給金大，
李金振向他的慷慨解囊致謝。

楊忠禮感念郭台銘情義相挺，
再捐贈100萬美金，成立「楊忠禮理工學院」

　　楊忠禮博士的好友鴻海董事長郭台銘、立法院院長王金平，他們三個人約好2010年8月1日一起到金門參與金門大學的揭牌典禮，後來郭董臨時有事不能來，於是人不到禮到，就包了紅包美金100萬元。

　　據瞭解，郭董在金門當空軍，屬於高砲部隊，對金門有深厚的感情，李金振事後撥空到深圳向郭台銘董事長致謝，郭董很客氣，他說因為看在金門鄉親楊忠禮份上，才捐了美金100萬元。

　　李金振事後把這段話轉述給楊忠禮聽，楊忠禮說：「郭董是因為我的關係捐了這麼多錢，我都沒有捐那麼多。」因此，楊忠禮隨後又捐贈美金100萬元，合計逾5,700萬元，金

李金振（前左二）率員訪問馬來西亞，與僑領
楊忠禮伉儷（前右三、右二）結緣。

門大學決定就把理工學院命名為「楊忠禮理工學院」，並請王金平院
長題字。三位名人交集於金門大學，一時傳為美談。

新加坡的黃祖耀主席，
是金大海外的第二根支柱

　　黃祖耀是新加坡的銀行家，是大華銀行集團主席兼總裁，並兼任
新加坡金門會館主席。金門英坑人，8歲時才下南洋依親，是屬於落
番的第一代，對於金門還留有兒時模糊的記憶。他的辦公室在新加坡
的施世路，好像是台北的101，他的事業成就跟大馬的楊忠禮博士不
相上下。

　　李金振也是當年從大馬隨團到新加坡拜會，與黃祖耀主席結緣，
往後幾次下南洋，黃主席儘管工作再忙碌都會安排時間接見，通常是
10分鐘到20分鐘。

李金振拜會新加坡大華銀行總裁黃祖耀（左四），
他是出身金門英坑的第一代華僑。

　　金門縣政府每次組團訪問僑領，一去都是幾十個人，黃祖耀主席
很務實，只會見領導人，他說這樣談事情比較有效率；但是李金振每
次帶主管和老師一起去，十幾個人他都全部接見。他會客的方式，賓
客每次都先到6樓的貴賓室等待，這裡有他的畫像和個人成就的相關
報導，以及陳列了很多的參考書，時間到了他們就會被邀請到隔壁的
辦公室。

黃祖耀──新加坡大華銀行集團總裁

　　金門英坑人，8歲時才下南洋依親，是屬於落番的第一
代，對於金門還留有兒時模糊的記憶。

黃祖耀（左）雖然人在海外，仍關心家鄉的教育，李金振敦聘他為校務發展顧問。

　　他的辦公室視野寬廣，可以俯瞰新加坡的全貌。進入討論時，李金振拿了許多構想書向黃主席簡報，想說服僑領認養興建部分校舍。李金振指出，「中央政府只想在金門辦一所陽春型的學校，如果金門要設立一所具有規模的世界性名校，就只得靠自己了，大家的共識是以黃主席馬首是瞻，全體鄉親在後追隨。」

李金振前後拜訪超過五次，與黃祖耀主席達成共識

　　金門大學成立之前，13年之間，李金振前前後後拜訪黃主席就超過五次。經過長時間不斷地交換意見，黃主席強調，金門技術學院務必朝金門大學發展才有前景。

　　黃祖耀主席很關心大學教育，他忙於經營事業之餘，並身兼新加坡國立大學董事。他常舉例說，有一次他碰見一位就讀新加坡國立大學的大陸學生，黃主席就問他英文能力怎麼樣啊？如果英文不好就很

難躋身世界的舞台。沒想到中國大陸的學生就回去苦讀,下次再見面發覺英語能力進步神速,士別三日,令人刮目相看。黃主席很詫異,就問:「你是怎麼做到的?」

中國大陸的學生回答說:「我把整本英文字典都背起來了。」這一點讓黃祖耀主席印象深刻。

他說金門技術學院什麼時候改制為金門大學,到時他一定有所表示。

李金振得到黃主席這樣的承諾,內心雀躍不已,同仁也都祝賀連連,但他仍然鍥而不捨,希望此捐款能出現在改大之前,藉以作為升格大學的有利條件。然而這段期間,李金振每次去,黃祖耀主席的答案都是「關心、傾聽、熱誠接待」,都沒有得到具體的答案。

世界金門日在金門舉行,金門大學黃祖耀人文社會學院,
與黃進益休閒管理學院也同日揭牌。

出身金門西園村的黃進益（右），是第一位捐款給金門大學的華僑，
圖為他返鄉參加世界金門日，左為當時的縣長李炷烽。

黃主席捐贈新加坡幣100萬元，
認養「黃祖耀人文社會學院」

　　2010年改大成功之後，李金振再度率員拜訪，黃主席
已準備好了，第一次開他後面的VIP室接待，當場宣布捐
贈新加坡幣100萬元（約等於台幣2,350萬元），李金振說
他的作風乾脆、清爽、簡便。

　　82歲的黃主席睽違故鄉70多年，2012年3月26日第一
次返鄉，從廈門走小三通回金門省親，當天下午他親自到
金門大學參訪，還與師生座談。他勉勵金大學生「一定要
把握機會，畢業後應選擇有興趣的工作，熱情投入，重視
團結力量，成功的機會就很大。」

　　李金振說黃祖耀主席看到金門大學的快速成長甚為高
興，認養了人文社會學院，於是李金振就將之命名為「黃
祖耀人文社會學院」。

印尼僑領黃進益，是金大海外募款第三根支柱，
捐款2,250萬，成立「黃進益休閒管理學院」

　　印尼雅加達的僑領黃進益，是雅加達金門會館的總主席，也是事業有成的大企業家，公司遍布世界各地；2004年返鄉參加第一屆世界金門日，特地抽空回老家西園村去看看。李金振載他回家的路上，兩人就討論金門未來的發展，黃進益總主席一再強調發展博弈事業的重要性。

　　後來又討論金門發展的人才問題，黃進益總主席在回程途中就說要捐款給金門技術學院新台幣50萬元。李金振說這是他收到的第一筆捐資。當天世界金門日華僑分組討論，假金門技術學院舉行，黃進益總主席回到會場致詞時，將捐款金額提高到100萬。短短幾分鐘，捐款金額由50萬元加碼到100萬元。回印尼之後他立刻匯款，因為是寄美金，還需換算匯率補匯差，但他就是要補滿100萬元。

　　隔年，他的秘書又來要帳號，李金振心想前次捐款已順利寄達，並沒寄錯，為什麼又要帳號？秘書也說不上來，只回答老闆交辦的事就遵照辦理。不久他又寄來100萬元，李金振以為黃進益記錯了，沒想到隔不了幾天就收到他第二次捐資的信。李金振說，黃進益總主席的風格是：先有事實，再補言論。

　　2010年金門大學揭牌當日，黃進益總主席回來致詞又宣布再捐500萬元，前前後後加總起來也有700多萬，因此，李金振就將休閒管理學院命名「黃進益休閒管理學院」。

黃進益──印尼雅加達僑領

　　老家西園村人。是事業有成的大企業家，公司遍佈世界各地。

世界金門日，凝聚了旅居各地金僑的鄉心與鄉情，李金振（右一）
陪同黃進益（右二）與楊忠禮博士（左一）的畫面。

黃進益問李金振校長：
「還需補多少差額？」

　　3個學院都已命名，2011年第4屆世界金門日又回到金門舉行，
請3位僑領回來揭牌，並請教育部長吳清基頒發感謝狀，場面非常盛
大，有位同仁私下嚷了一句：「只捐幾百萬元就有一個學院，這樣不
會太便宜了嗎？」

　　李金振不以為然，就說：「僑領的名氣、成就享譽全球，我們利
用他的名字，是我們搭他的便車、託他的福。」

　　吳清基部長頒贈僑領感謝狀和教育獎章之後，有請李金振校長致
詞。李金振說：「金門大學在華僑捐款中，黃進益總主席猶如辛亥武
昌起義開第一槍的僑領。」

輪到黃進益總主席上台致詞時，就直接問身旁的校長：「還需補多少差額？」李金振第一時間就回答：「1,500萬元新台幣。」他說這是他第一次斗膽向人開口，黃進益總主席二話不說立即同意，不久錢也就直接寄進來了。

　　李金振說：「從這件事讓我覺得什麼事都不要斤斤計較，金門大學在尚未接到1,500萬元捐贈允諾之前，就安排黃進益休閒管理學院的揭牌，表面上好像吃虧了，實際上，說不定因為有揭牌典禮的感動，才引來1,500萬元捐款的加碼，何況黃進益總主席也是捐款次數最多的僑領之一」。

新加坡船王張允中，
是金大海外募款的第四根支柱

　　第四位大筆捐款的就是出身沙美的新加坡船王張允中，他是新加坡太平洋船務公司董事長，擁有100多艘的貨櫃輪，航線遍及世界各地，總運力排行全球第19名，2008年《富比世雜誌》評選為新加坡第14大富豪家族，有新加坡的張榮發之譽。

　　張允中主席1919年出生於金門，年輕時從洋山坐船到集美中學讀書，還是一位短跑健將，是當年金門少數的知青。他19歲時到南洋發展，太平洋戰爭爆發，日本南進星馬，張允中主席曾被日軍抓去坐牢，許多人都死在牢中，張允中主席福大命大，脫險之後從此龍游大海，平步青雲，發展出一番大事業。

　　李金振說張允中主席人文素養很高，金大參訪團每次到新加坡時，張允中主席都會請大家到他專屬的餐廳吃飯，也請他的兒女、同鄉的一些老朋友們作陪。

　　席間談起閩南語的學問，張允中主席舉一例：我們請人吃飯，主人常常會問：「你想吃甚麼？」賓客就說：「青菜（閩南語隨意之意）」，他說應是「請裁」，原意是請裁示，後人誤解了這麼有深味的意涵。

新加坡船王張允中，這位19歲
才離開金門的僑領，返鄉時接
受獻花，心情非常愉悅。

捐款新台幣1,000萬，
共同打造金大成為第一流大學

　　除了吃飯之外，李金振也乘機與他討論金門大學的藍圖，希望
張主席能認養一棟校舍。有一次李金振說：「金門有第一所大學，是
金門一件重要的大事，您身為僑領中少數拔尖的領導，在金大創校歷
史，一定有您一席之地，只是我們不知道要將主席您放在哪個定位？

張允中──新加坡的張榮發

　　出身沙美，是新加坡船王，擁有100多艘貨櫃輪，航線遍及世界各
地，總運力排行全球第19名。

　　2008年《富比世雜誌》評選為新加坡第14大富豪家族，有新加坡
的張榮發之譽。

有請主席指點迷津。」

他肯定表示會捐款，只是要進一步了解。

2009年11月13日張允中主席返金，除參與其尊親張文夏、黃玉燕紀念館落成及教育基金會成立揭牌，也對金門技術學院改名金門大學備極關切。

李金振直覺張允中主席捐資金大的意願頗高，在打造金門大學成為一流大學的工作團隊中，張允中主席不能缺席。於是擇期專程再跑新加坡一趟，終於獲得張主席具體的承諾，捐資新台幣1,000萬元。

以上四個人捐款都超過千萬元新台幣，其他如馬來西亞陳成龍會長和呂慶安會長各捐新台幣200萬元，新加坡陳篤漢董事長捐新台幣100萬元，黃章聯董事長以父母黃木榮、何錦治之名義捐200萬元，方水金董事長捐100萬元，李志遠董事長兄弟姊妹以其父李皆得之名義捐100萬元，方耀明董事長以其父方文言之名義捐100萬元，還有汶萊林國欽董事長捐200萬元，以及印尼王振坤副總主席捐200萬元。金門大學特地將校園內各大樓的演講廳、會議廳、講堂等公共場館，以捐資者的姓名命名，一方面表揚其捐資興學的義舉，另方面將其成功的秘訣作為學生學習的典範。

華僑熱心捐款，共同打造金門大學成為一流大學的想望，這些都是熱愛鄉土的真切體現，不禁讓人由衷肅然起敬。李金振說：「華僑的積極參與是他創校過程信心的泉源。」若不是海外華僑適時的聲援和金援，李金振那裡敢憑著一般傻勁往前衝。

What lesson did you learn?
請裁。

我們請人吃飯，主人常常會問：「你想吃甚麼？」賓客就說：「青菜（閩南語隨意之意）」，張允中說原意應是「請裁」，後人誤解了這麼有深味的意涵。

14 第一次返鄉，
跪下來親吻土地

昔日金門人落番，棲身在河岸的草房，
忍著工作的辛酸，忍著思鄉的苦痛，
悵望雲天，幽幽我心，只為衣錦還鄉。

黃祖耀與張允中算是華僑第一
代，楊忠禮是第二代，有些人是第三
代，他們在成長的過程中，受到父母
第一代的教育薰陶非常的成功。李金
振說從第二代捐款的大手筆可以看出
第一代親長的精神影響。

金門媳婦潘斯里拿汀斯里陳開蓉女士，
她很多傳統的觀念，得自於婆婆的真
傳。

華僑重視子女教育，
也傳承金門傳統的禮俗教化

　　李金振說華僑在海外成家、養兒
育女不容易。因此，把大部分的精神
放在兒女的教育上，無形中把金門善
良傳統的禮俗教化，毫不保留地教育
給後代。第一代出外辛苦打拚，把希
望寄託在後代，這是第二代成功的地
方。

　　李金振多次到南洋參訪，感受特
別深刻，尤其從楊忠禮夫人陳開蓉女
士的身上，讀出了金門傳統教育的影
響。

陳開蓉──楊忠禮的妻子

　　海南島人，小學老師，會13種語言。
　　出身小康之家，讀書時半工半讀，回家還要洗衣服、晾衣服、燙衣
服，家事做完了才能去上學。
　　嫁給楊忠禮之後也很辛苦，先生發展事業，經常不在家，小孩的生
活、教育都是她一手包辦。

陳開蓉女士，海南島人，出身小康之家，讀書時半工半讀，她要幫忙洗衣服、晾衣服，把家事做完了才能去寫功課，隔天要把衣服燙完後才能去上學。

嫁給楊忠禮先生之後也很辛苦，先生發展事業，經常不在家，小孩的生活、教育都是她一手包辦。陳開蓉教育兒孫的方式值得一提，從小著重生活教育，長大後著重專業教育。

陳開蓉女士親自教授兒孫，
各個就讀英國名校

陳開蓉是小學老師，兒子和孫子的數學都是她從小親自教的，整體成績優異，而且都留學英國名校。尤其她的身教和言教更值得肯定。

楊忠禮與陳開蓉鑽石婚，孩子幫他們慶祝，李金振從金門應邀去觀禮，那天請音樂家、聲樂家一同演唱慶賀，家族成員及賓客盈庭，場面非常溫馨而熱鬧。大兒子楊肅斌代表兒孫輩致詞，不斷地強調媽媽平日如何教導他們，讓他們一輩子受用無窮。

楊肅斌說媽媽常教育兒孫的三項庭訓：一是「刻苦耐勞、勤儉持家」、二是「天下無難事，只怕有心人」、三是「團結力量大」，這三大庭訓不斷地耳提面命。因此，楊忠禮事業有成，福祿壽喜，兒孫滿堂，光是孫子就有27位，而且各個都讀英國的名校。

陳開蓉耳提面命，
一再教子孫不能忘本

李金振說，有一次楊忠禮博士帶孫子回來金門省親，每個人都穿著制服西裝皮鞋，整齊劃一。

當孫子們一看到東堡村莊的石碑，紛紛下車跑去和石碑照相。李金振覺得很好奇，就問：「你們第一次回金門，為什麼會知道東堡這地方？」

他們回答說：「祖母常常問：『你是哪裡人？』」

「金門人。」

「家住哪裡？」

「住東堡。」

陳開蓉平日一再耳提面命，不要忘本。

李金振說這樣的家庭教育，可說是從根做起，也是從根教起，所以其事業成功的基礎建立在家庭倫理上，不斷灌輸父慈子孝、兄友弟恭的傳統思想，這樣深化的儒家教育，就是家庭教育的典範。

楊忠禮的媽媽是移民的第一代，楊清廉當時就是帶著妻子從唐山金門出去的。李金振說：從觀察陳開蓉的言論與教育子女的作風，可以看出楊忠禮媽媽的影子。

我們女人，四角磚踏不著一角得，
沒有咱們的份

有一次陳開蓉女士回到東堡，當婦女們要進去楊氏宗祠「吃頭」時（宗族祭祖，祭後會餐），陳開蓉就用流利的閩南語說：「等等，沒咱們的份，我們女人，四角磚踏不著一角得，沒有咱們的份。」這句話很道地，只有出自金門的婦女，才可能說出這樣的一句話，完全是傳承金門人老一輩的口吻。

她會說十幾種語言，而且都恰到好處，教育兒孫從生活教育出發，事實證明她的身教言教是成功的，這與她做小學老師有關。

> What lesson did you learn?
> 四角磚踏不著一角得。
>
> 意思是「沒有咱們的份。」
> 這句話很道地，完全傳承金門人老一輩的口吻。

楊忠禮的長公子楊蕭斌,第一次
經小三通返鄉,一到水頭碼頭,
便跪下來親吻故鄉的土地。

長子楊蕭斌第一次返鄉,
跪下來親吻土地

　　陳開蓉的長子楊蕭斌,第一次回金門走小三通,到水頭碼頭時,
一上岸就跪下去親吻土地,讓李金振覺得非常感動。以一個60歲的
人,如此重視鄉土,可說是媽媽教育與薰陶的結果。

　　依李金振的觀察,楊忠禮的成功,賢內助陳開蓉功不可沒;而陳
開蓉的價值觀,完全承襲自婆婆的真傳。楊忠禮媽媽把金門這一套家
庭倫理教育,傾囊相授給陳開蓉,而且獲致極大的成功。

　　回想當年金門人「落番」,父母妻兒揮淚走相送,有人一別成永
訣,埋骨南洋熱帶叢林,歲時沒有子孫祭拜,成為流落異域荒郊的孤
魂;有人到了南洋客鄉,人地生疏,忍著思親思鄉的痛苦,忍著漫漫
長夜寂寞的煎熬,忍著工作的辛勞與辛酸,有苦能向誰傾訴呢?

　　這些落番客冒著九死一生下南洋,許多人沒有受過教育,也缺乏
一技之長,只憑著金門人的地瓜精神,苦幹實幹的打拚,省吃儉用只
為了掙錢回家鄉。

華僑落番下南洋，今天還有多少人
在這樣的環境下努力奮鬥！

金水、古寧、古崗、睿友、浯陽小學，
見證了華僑興學的歷史

　　這些出外人深深感受教育的重要性，回想當初自己就是沒有受教
育而受苦；因此，一賺到了錢，就共同集資回鄉創辦學校，如早年的
金水國小、古寧國小、古崗學校、睿友學校、浯陽小學等，在在見證
了華僑興學的歷史。

早期的落番客，可以看見我們
祖先的影子，從五口通商的廈
門到南洋，在艱困的環境下打
拚。

不要以為落番可以淘金，很多人背負父母妻兒的期望，
卻只能做做小生意。

時間一晃過去幾十年了，但是他們眷懷故鄉的心仍然不變，如今知道家鄉要設立高等學府，可以提升競爭力，心中非常的高興，因此以大筆的捐款、實際的行動，來詮釋「再窮也不能窮教育，再苦也不能苦孩子。」這句話聽說是從唐山傳過去的，在華僑會館廣泛的流傳，奉為圭臬。

　　台灣的經濟發展，曾位居亞洲四小龍之首，然而，李金振說，從金門大學的募款過程中，這些華僑第二代、第三代，他們心中的觀念和責任沒有改變。他們被第一代感染到什麼程度呢？他們認為金門是唐山，是一個必須用金錢來資助的地方，現在金門大學要募款的話，自己責無旁貸。

　　他們這種回饋的心境沒有改變，而留在金門的居民，有人還等待別人來救助，看能否再寄回來多一點錢，而且認為寄回來是應該的，這種心態也沒有改變。

　　留在金門的金門人，難道比落番南洋地區的華僑還沒有錢嗎？恐怕也不盡然吧！這不是財富的問題，而是心胸與格局的問題，可能與早年一直收受僑匯的心態有關。

　　近兩年來，有許多金門的旅台鄉親開始捐款，李台山會長、蔡其雍董事長率先各捐100萬元。留在國內的金門人已逐漸跟進，不讓華僑專美於前。

What lesson did you learn?
再窮也不能窮教育，再苦也不能苦孩子。

　　這句話是從唐山傳過去的，在華僑會館廣泛的流傳，奉為圭臬。
　　回想當年金門人落番，就是因為沒有受教育而受苦，金僑深深感受教育的重要性，因此以實際行動，大筆捐款興學。

15 「馬英九」三個字，
護理學系成立了

拿著這張馬英九總統年輕時訪金的照片作敲門磚，
憑一股傻勁，成不成試了再說，
這可以印證中國的一句老話：「天下無難事，只怕有心人」。

金門大學創校的歷程，很多事情好像冥冥之中自有定數，有如神助一般，看似不可能的事，最後創造一種可能；看似困難重重的事情，最後也都迎刃而解了。李金振善巧的個性，只想把事情做完做好的想法，可能在不知不覺中，自己常扮演一種神秘推手而不自知。

這就是所謂態度決定高度。我們試看一些例子就可以明白。

設護理學系，
是否有一點異想天開呢

金門的醫療素質與設備，與台灣來比相對落後。李金振有鑑於此，一直想照顧鄉親，提升金門的照護品質，因此，規劃設立護理學系。然而金門身處外島，師資與設備相對貧乏，台灣有些大學申請了四、五年都沒過，李金振想設護理學系，有沒有一點異想天開呢？

李金振有一股傻勁，成不成試了再說，這可以印證中國的一句老話：「天下無難事，只怕有心人。」有心這兩個字太重要了，它是一切事業成功的關鍵。只要有心，就可以找到解決問題的方法；如果無心，一定可以找到推諉的理由與藉口，以此鑑人行事，就可以思過半矣。李金振心裡明白，現在的金門大學還不夠成熟，想挑重擔還不是時候，然而眼看金門鄉親的醫療照護迫在眉睫，無法再等，為了盡到社會責任，就想辦法籌設健康護理學院。

李金振說當初要設護理學系，學校已寫好了申請書，而且也報部審查中，2013年2月25日剛好馬英九總統到訪金門，在尚義機場貴賓室有一個簡單的餐會，總統與縣長相談甚歡，李金振雖然也應邀參加，但距離總統比較遠，可望而不可及。

尋找機會，
只要馬總統簽名

李金振事先已準備好兩份資料要呈給馬總統，一份是金門大學增設護理學系申請書，請馬總統交給教育部。另一份是從莒光樓複製

李金振獨立創校的第一關,利用他的善巧,
克服萬難,成立了金門技術學院。

的,馬總統年輕時參加救國團暑期金門戰鬥營的活動照片,
青年英姿,李金振裱褙加框,帶過去要親自面呈馬總統。

李金振以送照片為輔,以送申請書是主。當時福建省主
席薛承泰在馬總統身邊導引,薛主席說申請書他代送到教育
部就可以了,不必勞駕總統;但李金振的目的,不是誰有空
拿過去,而是誰有那個身分可以交辦。他在找尋這個機會。

李金振就在旁邊慢慢等,總統吃完飯後起身繼續在跟縣
長說話,他不便插嘴。等到總統有了空檔,剛巧金城鎮長石
兆瑉拿了一張競選時的合照給總統簽名,李金振就順勢借了
石鎮長的筆,將護理學系申請書送給馬總統看。

馬總統在申請書上簽下馬英九三個字,
護理系獲得通過

李金振說:「金門醫療落後台灣很多,金門大學願意承
擔一點社會責任,設一個護理學系,好不好啊?」

馬總統立即說：「很好啊！願意為社會服務很好啊！金門大學這樣做樂觀其成。」

李金振就說：「可否麻煩總統在申請書上簽名表示支持。」

總統剛才已經親口答應說好，內頁都已寫滿了文字沒有空位了，李金振就請馬總統在封面簽上馬英九三個字。

李金振就把總統簽名的申請書，影印了四、五份拿去給教育部長看，部長原本要把它留下來，李金振覺得不妥，就把它交給高教司的承辦科長。因為醫護碩博是管制性的系所，須提早一年審查，本案正專業審查中，是否緩不濟急，令人擔心。承辦科長說沒關係，送專家審查屬專業審查，這一份屬於政策審查。

有一天教育部長蔣偉寧與高教司長何卓飛來金大視察，跟李金振說審查結果要開會決定。許多學校都提出申請，像亞洲大學已申請了5年都沒過，金門大學要通過更不容易。如果在一般審查會議中併案討論，其他大學沒有通過，只通過金門大學，實在說不過去。

後來高教司特別為金大安排了專案審查會議，只審查金門大學，就與其他大學無涉。因為申請書封面上有馬英九三個字，等於總統已經背書了，護理學系終於在政府政策考量下獲得通過。

在申請書的撰寫與送審過程，得利於同仁和各界的鼎力支持，衛生署前署長楊志良與署立金門醫院院長顏鴻章情義相挺，功勞苦勞盡在其中，功不可沒。

護理學系的老師進用，李金振授權楊志良在台大醫學院的研究室面試徵聘，李金振是籌備委員會主任委員，楊志良是副主任委員。李金振的善巧讓楊志良在醫學界的人脈和社會資源，一下子很自然地匯集到金大，而為金大所用。有些老師都覺得校長是一位政治家。

上兵伐謀，看起來好像談笑用兵，不費吹灰之力，事實上驚險萬分

李金振的巧智有一點天生，他的處事可以洞燭機先，掌握有利的切入點，完全是借力使力；也就是古人所說的上兵伐謀，只以智取不

金大旗正飄飄，顯示一
種奮發向上的精神。

What lesson did you learn?
上兵伐謀。

　　他處事洞燭機先，掌握有利的切入點，完全是借力使力；也就是古
人所說的上兵伐謀，只以智取不以力敵。看起來好像談笑用兵，不費
吹灰之力，事實上是驚險萬分。

以力敵。看起來好像談笑用兵，不費吹灰之力，事實上是驚險萬分。

李金振的善巧與當機立斷，也可以印證在另一件事情上：

2004年獨立設校第2年，李金振順理成章地把兩個二專整併成一個四技，即將現有工商管理科和財務金融科合併為企業管理系。但仍有4個二專的科，因性質不相關無法整併。李金振請示教育部的長官，教育部把話講在前面，如果不增加教師員額和年度預算，你還要申請4個二專升格為四技嗎？

李金振當機立斷，第一時間就回答：「要！」

操之在人的機會要把握，
操之在我的問題可克服

李金振心想升格何其困難啊！猶如副教授升等為教授，即使沒有加薪，還是要升啊！升等是位階的提升，准不准操之在審查委員，而沒錢沒人，是如何因應的問題，操之在我。操之在人者，機會稍縱即逝；操之在我的問題，苦一下就過去了。他認為這是一個難得機會，機不可失，人事與行政經費他可以籌募。

他當初解決問題的方法，只想到克難與節約，把有限的員額大多用在老師的編制上，因教師的待遇比職員高，以教師之名義編預算較划算。至於職員不足，以行政助理代替，其待遇相對偏低，可動用縣政府的補助款支應。因此，他請了將近100位行政助理，編制內的職員卻只有十幾位。把絕大部分的員額用於學術單位，才能陸續增設到

校長筆記

准不准操之在人，有沒有錢操之在我，操之在人的機會要把握，操之在我的問題要克服。

水到渠成就是順理成章，順理成章哪裡會輪得到我們？所以連滾帶爬也要達成。

李金振說，若採水到渠成的方式，金大就不會有今天。

18個系所（含申請中的物理治療學系）。這與其他大學明顯不同。

水到渠成，
哪裡會輪得到我們？

　　李金振說：「當台灣高等教育蓬勃發展之際，金門正在幫台灣擋子彈，錯失最佳的設校時機，在先天不足後天失調下，若採水到渠成的方式，就不會有今天；因為水到渠成，要等到什麼時候？水到渠成哪裡會輪得到我們？」所以他說：「鎖定設校目標，即使連滾帶爬也要達陣。」

金大已經揚帆出發，從此五湖四海任我遨遊。

　　校內同仁獲悉李金振在沒有增加編制和預算的前提下，將二專逕自升格為四技，有人表示強烈反對，理由是這等於兩個便當4個人吃，大家都吃不飽，因此，對於校長的決定深不以為然。

　　後來台灣的專科學校知道金門技術學院有4個二專直接升等為四技，紛紛要求教育部比照辦理。

　　教育部這時才發現情況不對，趕緊把這扇大門關起來，並提出先決條件：「必須先通過校務評鑑為一等，才能申請二專升四技。」李金振說：教育部及時訂定這項門檻，無異於把二專擋在四技門外。而此刻，金門技術學院的全部二專已經都過關了。

金大的大學池，一泓清水如此靜謐，但誰曉得創校過程的艱辛與
波濤洶湧呢？

這次的升等算是大躍進，李金振說：「一半靠運氣，一半是抓住
了時間點，如重新來過，也不見得這麼順利。」

金門技術學院挑戰「專升本」的突圍，關關難過關關過，有3次關
鍵性的轉折，李金振都利用他的善巧，達到了目標。第一次是以校本
部相關二技日間部的名義，為金門分部，創設了二技夜間部；第二次
是增設兩個學術單位，他果斷決定增設兩個四技而不是兩個二專增
班；第三次是4個二專就地升格為四技，時機又被他掌握到了。

每一次的選項如果不同，結果自然就會不一樣。人生的道路難道
不也是如此嗎？

遇到無解的問題，
就去找李金振校長取經

　　清華大學校長陳力俊，有一次邀請李金振到校訪問。副校長說清大想在印度設立華語教育中心，但不清楚體制的運作與教師員額的編制，因此向教育部政務次長林聰明請教。

　　林政務次長面告：「這些問題我也無解，但我可以提供一個方法，若遇到無解的問題，最好去找金門技術學院李金振校長取經。」

16 馬英九
送來100個教師員額

2010年改大揭牌當天，
馬英九總統請吳清基部長轉交金門大學100個教師員額的大禮，
副總統吳敦義非常羨慕，常在金門鄉親的聚會場合說：
「全國老師的員額都給金大打包帶回去了。」

金門大學的成長過程，猶如參加百米的跨欄比賽，以金門分部為起跑點，跨過專科學校，直接獨立為技術學院。再進一步跨過科技大學，直接轉型為一般大學。短短的17年之間，跨過了好幾道門檻。金門大學的三級跳，曾被大陸漳州職業技術學院李校長比喻為「轉身跳投得分」。

　　學校快速轉型，老師的質量能否一次到位呢？

　　李金振指出，隨著學校由專科到學院，再由學院到大學之階段性躍進，師資亦緊迫跟進。專科時代以講師為主體，學院時代則以助理教授為主體，大學時代更是以副教授以上高階師資為優先。師資的職等與學校的改制同步節節上升。

金門分部草創時期12位專任老師中，
9位是講師

　　1997年創校之初，屬於高雄科學技術學院附設專科部金門分部，學制是二專，設有四個科，師資之配額，依照教育部的規定，一個班級配置4個員額，包括行政人員。因此，第一年每科只聘3位老師，四個科合計12位，其餘是職員，沒有工友。

　　政府財政日益吃緊，日後每班配額由4位縮小為3位，表面上好像只減少1位，實際上，4個年級合計，就明顯地減少了4位。教師配額之緊縮，對新創設的大學而言，固然是不利的因素，然而，若與完全不給員額相比，仍具有聊勝於無的意義。後來由二專改成四技，教育部把話講在前頭，在不增加預算、也不增加教師員額的前提下，准予將二專改為四技，這樣的條件你接不接受？李金振之所以第一時間就滿口答應，是為了掌握升格的機會。

　　1997年金門分部草創初期所聘請的12位專任老師中，除一位教授、一位副教授、一位助理教授外，其餘9位全是碩士講師，講師比例著實偏高，佔全部專任老師的四分之三。不過那

有人說評量一個大學好不好，不是看有沒有大樓，
而是看有沒有大師。

時學校沒有知名度，能聘到博士生或博士候選人就已經偷笑了，哪敢奢望請到博士學位的老師。

金門技術學院，
師資陣容以博士助理教授為主體

為提升師資的質量，除新聘高學歷師資外，並鼓勵現有講師級老師攻讀博士學位。當時教育部規定進修人數的上限，全時間進修，十個只能去一個。全時間進修指留職停薪，不適用於金門分部，李金振就改採部分時間帶職帶薪進修的策略，一方面老師仍然在校授課，不影響教學，另方面進修人數可以重新計算。李金振將全時間進修比喻為專任，部分時間進修比喻為兼任。依規定，一位專任教師可以抵三至四位兼任教師。同樣道理，全時間進修的機會是十分之一，則部分時間進修為十分之三，這樣算下來，金門分部每科每年便有一至二位講師得以進修博士學位。

2003年獨立設校後，二專陸續改成四技，每系仍維持五位專任老師和一個行政助理。徵聘老師的資格，以博士助理教授為前提，應徵情況比較踴躍，質的部分已從講師提高到助理教授。

金門大學掛牌後，
新進師資以副教授以上高階師資為優先

2010年改大之後，師資的素質進一步提升，新聘老師以聘請副教授以上的高階教師為優先，若該系副教授以上達到二分之一，才可以聘請助理教授。現在全校90％以上的專任教師具有博士學位。以職等來說，教授和副教授合計佔50％，其餘是助理教授，質與量都同時提升了。

這樣積極聘請副教授以上的策略，明顯可以看出國內人才的移動。第一部分是來自公立大學，以都市計畫與景觀學系為例，第一年聘請的三位老師，均分別來自台灣各國立大學，包括台師大、彰師

金門大學現在已成為兩岸交流的重點學校，受到
少子化的影響，想進金大教學可沒那麼容易。

大、台大。

第二部分是私立大學轉過來的。近來受了少子化的影響，許多私立大學的老師擔心一旦退場，將面臨無枝可棲的局面，因此未雨綢繆，紛紛向公立大學轉進。這些老師在私立大學已經是副教授，而且具有博士學位，有的還擔任過私立大學的系主任。

老師徵聘充分授權，
採三級三審制

老師的徵聘條件，以專業特長為聘任的首要考量，訂定專長的規格，授權給各系所組成的教評會擬定，其甄選流程，從系教評、院教評、到校教評等三級三審。

李金振說，教師的職責，需配合大學教育的功能，包括教學、研究、服務等。教學是基礎工作，目標是為國家社會培育高級科技與管理人才。此外鼓勵老師探討新知，從事高深學問之研究。另大學還肩負社會責任，因此需透過推廣教育和建教合作，對地方建設與社會服務作出貢獻。所以李金振特別研擬了金門大學的自我定位：以教學卓越為基礎，凸顯金門特色之研究，發揮兩岸之優勢。

在教師的職責中，以教學最重要，也最具體。因此，教師聘任的前提，是為了滿足課程的需要。在各系所所規劃的課程地圖，聘請專長互補的師資，組成嚴密的師資陣營。猶如一支球隊的教練團，李金振特別強調，先有課程需求再聘老師，而不是先聘請老師，再遷就其專長開課。

至於課程課程應如何規劃，李金振說明箇中關鍵。首先確認該系所之宗旨和目標，接著根據教學目標規劃學生應具備哪些基本能力；最後再決定開哪些課程，來培養學生所需的能力。李金振進一步解釋，學生應具備的核心能力，包括專業能力和基本素養。其中專業能力的理論與實作，將有利於就業和創業；基本素養將豐富其生命的內容與人群之互動。

李金振不斷從事國際學術文化交流，締結姊妹校，要讓金大走出去。

「真知力行」著重知行合一，
「兼善天下」強調永續發展

　　李金振說，針對教學規劃，金門大學的校訓「真知力行、兼善天下」應運而生。「真知力行」強調天行健君子以自強不息，著重知行合一，培養理論與實務兼具的專業能力。「兼善天下」強調以天下為己任，發揮人溺己溺、人飢己飢的精神，這是永續發展的基本素養。

　　金門大學依教學需要，組成課程規劃委員會，並區分校、院、系所等三級。各課程規劃委員會的成員，除校內專任老師、學生代表外，另聘校友、業界、學者專家、家長等各界人士擔

任。隨時根據時代潮流、市場變化、學生學習效果，進行課綱之檢討與課程之增修。

金門大學根據《大學法》，訂定128個基本畢業學分，包括通識課程和專業課程，並區分為必修課程和選修課程，部分必修課程訂有擋修機制。整個課程系統環環相扣，形成一套嚴密的課程地圖。每一門課程在培育學生的核心能力上，所扮演的角色和專業分工，都非常重要而明確。

李金振要求每一位任課老師，將其所開的課程視為一項計畫案。鼓勵老師撰寫教學計畫書。內容包括：1.教學目標。2.採用的教材。3.各週的教學進度。4.應具備的教具和材料。5.學生實作作業。6.學習效果之評量。7.預算編列等。在李金振心目中，金門大學每一位任課老師都是主角，所開的每一門課程都是招牌菜，都能說得箇中的美味和營養。

馬英九送了100顆花生，
剝開都不見花生仁

2004年金門技術學院奉准獨立設校次年，4個二專升格為四技，師資結構和質量發生了重大的變化。二專相當於大一大二，四技是大一到大四，兩者相差了2個班，4個二專升格為四技，合計便相差了8個班。以每班應配3個員額計算，合計應配24個員額。然而，當初准予將二專升格為四技，是以不增加老師員額為前提，因此24位不足師資，成為金大師資的第一個缺口。往後幾年，陸續也有幾個新增系所未配師資員額，所以在改大之前，金門技術學院累積師資的缺口已近50位。

2010年改大成功之後，馬英九總統充分體恤金大在師資上的缺口，一口氣就送給了金門大學100個教師員額的大禮。當時全國沒有哪一所大學能爭取到增加一個教師的員額。後來副總統吳敦義在同鄉會年會中指出：「全國公立大學老師的員額都給金大打包帶回去了。」

這100個教師員額的大禮，實質上，教育部只給員額編制，並未編列人事費，也就是薪水要金大自籌。李金振作了一個有趣的比喻：「好像剝花生，不見花生仁，裡面空空如也。」

有人就說：「政府為善不卒。」

但李金振補充一句：「為善不卒，還是善。總不能說為善不卒是惡。」

因為有這100個教師員額，李金振將每個系的老師由5個增加到7個，後來增加研究所，系所合一，再增加2個老師，1個系所就有9個老師了。設進修部時再增1個；採學系和技術系併存者，再增1個。馬英九總統的大禮，使金大各系所都有增加老師員額的機會。此外，李金振更利用這100個老師的員額，增加了8個學系（含申請中的物理治療學系），使金大由10個學系增加到18個學系。雖然因未編人事費而造成財政上的缺口，但李金振判斷，師資員額和人事費若能同時到位固然最好，若未能同時到位，先滿足其中一項，亦不失為一件好事，猶如兩隻腳走路，總有一隻腳先跨出去了，不能否定它的價值。

What lesson did you learn?
為善不卒，還是善。

馬英九總統送給金門大學100個教師員額的大禮，但只給員額，不給人事費，有人就說：「政府為善不卒。」

李金振利用馬英九總統的大禮，使金大增加了8個系，從10個系變成18個系。基本上還是一件好事，不能否定它。

所以李金振說：「為善不卒，還是善。」

春天的金門大學很美，籠罩在一層薄霧之中。金大
如何走出一條康莊大道，有賴全體老師的努力。

17年來，專任教師從12位增加到126位，成長10倍有餘

2014年金大專任老師126位，比當年區區12位成長10倍有餘了。李金振說當時全校會餐，只有一個圓桌，到第二年自然增班結果，也不過兩桌。

今天全校老師126人，職員與工友也有100多人，總數至少230人，要會餐的話就要席開二、三十桌，規模與人數逐漸成長，已不可同日而語了。

17 朱經武的T4+1，
金門大學島不是夢

人生是一個不斷挑戰的過程，
金門大學就像攀岩人一樣，迎著曙色天光，
不斷超越顛峰，朝向無邊無涯的天際邁進。

大學教育的功能為教學、研究與服務，李金振說這三項功能是大學存在的理由，其中教師和學生扮演了一個關鍵性的角色。得天下之英才而教育之，更是各校追求的目標。

1997年7月1日高雄科學技術學院金門分部奉核成立之初，首屆採用單獨招生方式。當時教育部的考量是金門中學畢業生已有升學管道，但是金門農工畢業生幾乎沒有升學的機會，因此，設立金門分部的二專學制，用意在招收金門農工的畢業學子。

第一年招生140人，
只有兩三位台灣來的，還是遷台的金門人

1997年，金門分部創設第一年，成立了4個科，採獨立招生，考場設在金門。每科招35人，總共140人。放榜結果，錄取生只有3位是來自台灣，而且還是屬於遷台的金門子弟，其他都是在地的金門農工畢業生。

第二年（1998）採相同模式繼續招生，已有20幾位台灣來的學生，其他還是以金門農工的學生為主，已達成當初設立分部、提供升學管道的目標。

後來李金振覺得只針對金門農工的學生來招生，學生來源管道太小，為了讓學生多元化，就在台金兩地分設考場，但每班保留給金門農工20個名額，騰出15個名額招外地生。

金門分部就到高雄母校設立考場，然後到各高中去作招生宣傳。因為高雄科學技術學院的前身是高雄工專，在台灣很有名氣，因此具有吸引力，報考的人很多，台灣的學生慢慢多了起來。

回顧第一年台灣來的學生只有3個，就租漁村的民房外宿。第二年來了20幾個台籍學生，於是找到湖前村一家歇業的旅館「楓橋山莊」。旅館的地毯有些破舊，李金振便與老闆商量，改鋪塑膠地板，看起來比較乾淨。宿舍分配2-3人一間，兼辦伙食，甚至還舉辦迎新晚會、月光晚會，老闆娘親自下廚，辦得有聲有色。

仁愛山莊一度作為金門分部教職員宿舍及觀光事業科的實習旅館。

學生逐年增加，感謝吳啟騰校長出借湖小，解決了住宿問題

　　2000至2001年除了在地生外，從台灣來就讀的學生也愈來愈多，這時增加到6個科，一年級台籍生已增加到四、五十人了。李金振認為台灣學生來者是客，應該好好對待，就與金湖國小校長吳啟騰協商，借用湖小老師宿舍作為學生宿舍。湖小的老師宿舍西曬，本就不適合午休，使用率不高，但老師卻以午休作為拒借的藉口。李金振於是與吳啟騰校長商量，幫湖小的辦公室裝冷氣，這樣老師午休就有冷氣吹，同時也可以騰出宿舍給台籍學生住。電費由湖小出，但金門分部以打掃環境與清洗廁所回報。吳校長也很幫忙，二話不說就同意了。

　　李金振首次展現創造雙贏的特質。

金門分部當年學生不多，就借用金門農工
實習農場部分校舍，真是此一時彼一時。

　　湖小宿舍是棟兩層樓的建築，經過整修，加裝熱水器，採購家
具，在屋頂鋪防曬墊，可以容納100多人。後來自然增班的結果，宿
舍還是不夠住，又借湖小技教館的2樓，把兩間教室改成宿舍，加裝
衛浴設備，讓學生可以盥洗和洗澡。李金振說他很感謝吳啟騰校長的
鼎力相助，讓教育部看見金門有增科和增班的能力。事實上，此刻的
金門分部已在硬撐，但是又怕露餡。

　　此時的臨時校區分散在仁愛山莊、金門農工實習農場、楓橋山莊
與金湖國小，全體老師和住校生都向金門農工搭伙。2000年賀伯颱風
侵襲金門，道路癱瘓1週，教官陳成棋還跟太太送餃子去給學生吃，
學生也幫忙動手整理湖小校園倒塌的樹枝。

　　2002年9月啟用四埔林場新校區，整個校區只有1棟5層樓的綜合
大樓，當時科系很少，學生也不多，空間的分配，除了行政、學術等
單位的需要，也考慮到學生的生活機能，因此把西側5樓改裝成學生

宿舍，並將其中1間教室改裝為衛浴設備，廚房餐廳則暫時設在地下室。環境考驗李金振的應變能力和執行力，幸好大家不挑剔，群策群力地度過為期不短的克難時期。當時，李金振常舉昔日西南聯大的例子來期勉全體師生。

獨立設校學生人數不滿1,000人，
與台灣私大搶食學生大餅

學生人數逐年增加，從第一年134人，次年自然增班，人數近280人。後來增加到6個科系，全校總數也不超過四、五百人。由於學生人數很少，未達經營規模，將不利於爭取獨立設校，因此增加招生人數，成為學校發展首要目標之一。

獨立設校時學生人數已近千人，技術學院改成大學，學生人數又成長了一倍。後來馬英九總統給100個教師員額，增設新系所，學院系所總數及學生人數也跟著倍增。

李金振說金門大學學生人數持續逐年增加，對教育部是一種負擔。因為台灣學生的供給量有限，教育部採取總量管制，各校都有一

金門分部想要獨立設校有多困難啊！
這是總務組同仁的歷史倒帶畫面。

定的配額。由於少子化的影響，私立大學為了生存都在搶學生，金門大學搶食學生大餅，對於私立大學造成一種擠壓效應，教育部必須給私大一個交代。

超收學生被罰30萬元，
是教育史上破天荒之舉

金門大學是一所新興的學校，又遠在離島，在這種環境之下，想要生存與發展，本來就有先天條件的限制，但是傻人卻有傻福，吃虧就是佔便宜，又印證在李金振的身上。

到了2014年，學生人數已暴增到4,052人，比當初環境影響評估所規劃的3,000人，整整超過了1,000人。環保署中部督察總隊還請李金振到台中黎明新村辦公室，當面說清楚講明白。結果，金門大學因學生超收而被罰款新台幣30萬元，破天荒地創下學生超收被處罰的紀錄。

然而從財政分析，超收1,000名學生，每年學雜費可多收5,000萬元，校務基金增加5,000萬元，現只被罰30萬元，應該很划算。此事件經媒體廣為報導，意外地為金門大學作了正面宣傳。

設馬祖分部，
傻人有傻福，每年為金大賺2,000萬元

金門設立大學，馬祖的立委曹爾忠看了怦然心動，提案要求比照金門模式辦理。教育部為回應立委的訴求，徵求台灣各大學到馬祖設分部，但是各校都興趣缺缺。教育部技職司司長陳明印，金門湖前村人，認為金馬是一家，就問李金振有沒有意願？

到馬祖設分校，從台灣去只要往返兩趟飛機，照理說應由台灣的大學去比較合理；從金門去還要到台北轉機，來回就得4趟，很不方便。李金振大可以路途遙遠、不方便為由予以婉拒。

金門分部於金門農工禮堂舉行畢業典禮，
驀然回首，此情可待成追憶。

　　誰知道他竟然一口答應，跑去馬祖設分班，第一學年度成立了食品工程系和建築系。

　　李金振到馬祖高中找到1棟3層樓的校舍，計劃將一樓改裝為辦公室，二、三樓改裝為兩個系的系館，大致就緒就開始招生。沒想到馬祖的學生程度都不錯，去台灣的升學管道暢通，招了幾年只招到1名馬祖籍的學生，其餘學生均來自台灣和金門。因此，便將這些學生暫時留在金門，與校本部原有系所採甲、乙班上課。幾屆之後，馬祖校區之土地取得與開發未獲進展，經評估後決定停招。

　　馬祖分部兩個系配有100個學生名額，停招後，教育部就把這100個名額送給了金門大學。

　　馬祖分部100個名額，挹注到金門大學現有的10個學系，每系學生人數由50人增加到60人。就讀4年，全校學生總數就增加400個，1個學生每年學雜費5萬元，400百個學生就有2,000萬元，對校務基金不無小補。

　　李金振說，自告奮勇到馬祖設分部，看起來像吃虧，結果賺到了

400個學生名額，等於為金大每年賺了2,000萬元。

學生每班少10個，
看似財政缺口，其實是大豐收

　　同樣的，當初馬英九總統好意送給金大100個教師員額，但未編列人事費，少數同仁批評「為善不卒」，李金振說：「為善不卒，終究還是善。」

　　馬英九總統的禮物你大可以拒絕，但是李金振認為它基本上還是一件好事，不僅欣然接受，而且滿心感激。李金振就將這100位教師員額，除分配到原有系所外，另創設了8個學系（含物理治療學系）。

　　然而部分增系並未核定招生名額，他便把原有10個系所每班人數大幅下修，騰出名額分配給新增的學系。即每班招生人數由50人下修到40人，就全校學生人數而言，雖然總數並未減少，惟因未分配學生員額，對學雜費的影響，將造成校務基金未能與系所的增設同步成長。

　　但李金振說這要看你從甚麼角度來看，悲觀的人看到的是每班少10個學生，好像是虧大了；但樂觀的人看到的是每班各有10個機會可以招收陸生。他打一個比方，一圓桌原本可以宴請10個人，但只來了8個人，還剩下2個座位，可以另外邀請其他的朋友來吃呀。

What lesson did you learn?
悲觀者看到困難，樂觀者看到機會。

　　悲觀的人看到每班少10個學生，好像是虧損；但樂觀的人就不同。李金振打一個比方，一桌原本可以坐10個人，只來了8個，還剩下2個座位，可以邀請其他的朋友來呀。
　　李金振就把剩下的空位招陸生來填補，一年可收進8,000萬。

他秉持這個理念，就把剩下的空位招收陸生來填補，一班10個名額，20班就200個，讀4年就有800個。陸生收的學雜費比照私立學校的標準，是台灣學生的一倍，每人每年10萬元，800個一年可收8,000萬元。與前述每班少10個名額所造成的影響，加倍地補足。因此，在李金振心目中，每班台生人數減少並不是財政缺口，而是帶來大豐收的機會。

金門大學招收陸生與僑生，不受學生總量管制的限制，是外加的，這一點與台灣各大學不一樣，所以金大招陸生有名額的優勢。現在金大的陸生已近50人，與每年招收200人的目標還有一段差距，但李金振並不悲觀，認為假以時日即可達到。

有人問：「既然每年可以收200名陸生，為何不馬上招滿？」

李金振說：「等國際學舍蓋好，屆時就有1,056個床位，再加上配套措施完善，這200人就可以進住了。」

有人又問：「你只招收200個陸生，為何蓋1,056個床位？」

李金振解釋說：「一年200個，就讀4年就有800個，另外還有外籍生、港澳生、僑生。」

國際學舍已奉教育部核准興建，等環境差異性說明通過後，將於2014年7月發包，2016年完工，而陸生逐年增加，等完工之後就可進住。李金振說看似財政缺口，其實是機會。

學生來源從本地生、台生、陸生、港澳生、僑生到美國的交換學生，總量已達4,052位

從以上的校務發展來看，學生的來源第一年是單獨招生，95％以上都是金門農工的學生。慢慢對台招生，在台設立考場，進而改為參加全國技專校院聯合招生，以統一入學測驗成績作為錄取標準，此時招收的學生以全國的高職生為主。

2010年改大之後，再轉為參加全國大學校院聯合招生，以學科能力測驗以及指定科目考試等成績作為錄取標準。招收的學生由高職生轉為普通高中生，另保留3個學系兼招高職生。自參加全國聯招之後，台

這是在金門機場接機的畫面。歡迎80％來自台灣的新生,到金大就讀的熱鬧情景,與當初慘澹經營已不可同日而語了。

生逐年增加,目前80％的學生來自台灣,僅20％來自金門當地的學生。

　　現在金大的學生來源由台金兩地擴展到陸生、港澳生、僑生到美國的交換學生,總量已到4,052人,比當初設校增加了10倍之多,學生的素質也大幅提升。102學年度全國學測均標降兩級分,但金門大學卻逆勢增加了兩級分;103學年度申請入學的成績,各學系的最低錄取分數也大幅躍升,其最低錄取成績都在均標以上,且有多系達前標之譜。

學生報到率破表,
連續四年超過百分百

　　學生的報到率連續4年超過百分之百,每年招生人數,除了教育部核定的員額,還外加僑生、原住民、離島保送、運動績優以及陸生等,102學年度報到率高達106％。在全國少子化的浪潮之下,台灣許多大學都招生不足,金大的報到率卻年年破表,可見學生對金門大學的嚮往。

這樣的畫面似曾相識，有昔日金門戰地的戰鬥精神。

103學年度，金大各學系學生錄取級分再創新高，比去年提高5-10級分，達前標人數比去年成長3.5倍，且有7個學系最低錄取級分比去年飆高10級分。金大提供高額入學獎學金，學測滿級分學生入學就讀，即領有400萬元獎學金（分8學期發放），可謂年領百萬。學測總級分達頂標及前標者，亦分別有50萬及20萬獎學金。如參加大學考試入學分發（指考）以第一志願就讀者，獎學金由去（102）年1萬元提高至2萬元。另外，指考單一科目原始成績（錄取學系所採科目，最多採至6科）達前1％者，單科4年共領60萬元獎學金。

滿級分學生黃建桐報到，
祭出4年400萬高額獎學金

103學年有一位滿級分學生黃建桐申請就讀金大資訊工程學系，金大首度超越巔峰，寫下一頁傳奇。這可能是受了國際知名超導權威學者朱經武院士，願意提供深造機會激勵的影響。

為什麼對於滿級分（75級分）學生，金大願意提供4年400萬元的超高額獎學金呢？李金振的信念是什麼呢？

李金振說他不是砸錢搶學生，而是有一個重要的哲學基礎。他說像這樣滿級分的學生，資質優異、天賦很好，不是只有讀大學畢業而已，而是要長期栽培，為國家社會造就人才。

他說要造就人才需要教育基金，從這個角度切入，他認為這樣的學生考上金門大學，要有長期栽培的計畫與準備。因此他準備了400萬元，大家認為很高，好像年薪100萬，讀4年400萬。他說這400萬如果要出國留學，每年學雜費超過美金3萬元，讀三、四年還不夠，這只是個基礎而已。

吸引榜首或滿級分就讀金門大學，不是只為提高學校的錄取分數，為學校添光彩增榮譽，李金振說，學校有責任要為他們的深造找出路，否則就不是造就人才，而是浪費人才，這就

金門四面環海,訓練學生操舟,這是台灣
其他多數學校所沒有的。

是李金振秉持的辦學理念。因此,當第一位滿級分考生決定到金大報
到之後,李金振立即於5月12日奔走成大和清大,請求頂尖大學提供
課程和師資的支援。李金振的努力馬上獲得清大賀陳弘校長和成大黃
煌煇校長的允諾,跨校組成夢幻師資陣容,為造就英才挺身而出。

經武路、經武酒窖,
怎麼跟我朱經武這麼有緣哪

　　剛好102年中研院院士朱經武應邀來金門大學演講,他每年徵才
的對象都是兩岸頂尖的優秀青年,102年是武漢大學學生入選。

　　李金振在接待朱經武院士時,兩人談了很多事情,而且相談甚
歡。朱經武在演講時特別提到他這次來金門很受感動,他說他的研究
室在兩岸徵才時,將特別為金門大學保障名額一席。

李金振聽後不敢置信：「對金門大學來說，這是一件非常光榮的事情，以我們的條件要與兩岸的頂尖大學相較，還有一段距離；朱經武院士去年徵才兩席，都是選中大陸名校的學生，台灣的大學都還沒有機會入選，但他卻願意留給金門大學一席。」

李金振校長受寵若驚，就問說：「您是成大畢業的校友，為何不找成大的學弟妹呢？」

朱經武說：「我是用人唯才。」

他為什麼特別留給金門大學一席呢？李金振也說不上來。然而金門的地名與他的姓名竟然有所連結，這是怎樣的一個緣分哪！

原來他參訪金門時李金振充當導覽，跟他說：「金門有一條經武路。」

「是嗎？有經武路？」朱經武院士覺得不可思議。

李金振就帶他從桃園路走到瓊林，路牌就寫著經武路，朱經武很高興，就說要下車去拍照。後來一行人來到長江發電廠坑道，現改裝為金酒公司的酒窖，牆上寫著「經武酒窖」。酒窖裡的大酒罈層層排列，直頂到天花板，非常壯觀，朱經武院士不停地拍照，覺得金門和他太有緣分了。

What lesson did you learn?
以學生為本位辦教育。

辦教育的哲學，不是以老師為本位，找一個學生幫你做研究；而是以學生為本位，思考能對學生提供什麼幫助，如何成就學生。

學校有責任為學生的深造找出路，否則不是造就人才，是浪費人才。

鄉情如海愛如濤

學生進了我的研究室，
我可以幫助他什麼，開發他甚麼潛力呢

朱經武是研究超導的著名學者，曾與諾貝爾獎擦身而過。

李金振對於他的選才標準覺得很好奇，就問說：「武漢大學去年那位入選者是全大陸最優秀的學生嗎？」

「不！」朱經武搖搖頭，他說他以前徵才都選北大、清大最優秀的學生，從小都有神童之譽，但這次他改變了甄審的標準。他說以前求才都是考量對他的研究室有沒有幫助，要求學生在某部分能力要特別強。

但是他這次改變觀點，站在學生的立場設想：我的研究室是否對該生有幫助？是否可以幫助他成功？能開發他甚麼潛力呢？

朱經武說：「達成學生的目標，是我研究室考量的指標。」

朱經武的改變，也刺激了李金振的改變。李金振說辦教育的哲學，不是以老師為本位、以教書為核心，而是以學生為本位，根據學生的學習能力和興趣，幫助學生學習，考量能對學生提供什麼幫助，如何能成就學生，才是教學的主軸。

後來李金振又問朱經武院士：「當初柏克萊大學與哈佛大學都相繼禮聘您，您為什麼不去？」

朱經武說當時他確實很心動，也仔細評估過，掙扎過一陣子，他

What lesson did you learn?
寧為雞首，不為牛後。

「當初柏克萊大學與哈佛大學都邀您去教書，您為什麼不去？」

朱經武說當時他確實很心動，後來決定留在休士頓大學的原因，是柏克萊與哈佛大學成名已久，絕對不會因朱經武而有名；但休士頓大學卻因朱經武而有名。

朱經武院士（左）到金大演講，覺得冥冥之中跟金門有
一種特殊的緣分，所以願意提供研究室一個名額給金大
學生，已產生一種效應，首先有一位滿級分學生黃建桐
選讀金大。

後來決定還是留在休士頓大學是基於一個哲學，柏克萊與哈佛這些大學的成名已經很久了，他們絕對不會因為朱經武而有名，而休士頓大學卻不然。

李金振很好奇休士頓大學究竟用什麼方式來留住朱經武呢？原來他們打聽到朱經武的夫人在銀行界做事，於是動員全校的同仁都去那家銀行開戶，朱經武院士得知後很受感動；當然，休士頓大學為了要留住他，也給他的研究室極為優厚的條件。

把金門大學納入T4的合作伙伴，與金門發展大學島政策不謀而合

朱經武院士是台灣綜合大學系統T4的總校長（成大、中興、中山、中正），他說金門大學將在T4扮演重要角色，成功大學的副校長蘇慧貞馬上記下來，準備於近期T4開會時提案。

2014年3月13日，T4研發相關部門主管來金門聚集一堂開會，為落實朱經武院士推動T4＋1而努力。一行人先前往金沙文化園區踏勘「聯合校區」的預定地，下午並在金門大學座談，為金門縣政府所提的「大學島」政策把脈。

與會者發言非常踴躍，提出了許多創意想法。成大副教務長蔡朋枝表示，高等教育作為一項產業，可分為本土人才培育、傑出人才吸引、國際人力培訓等面向，他認為應該在T4+1的共同運作下，結合台灣實力與金門中介角色，共同西進大陸。他說此一政策不能只是喊口號，必須有實質的建設與投入，才有成功的可能。

這一點與金門發展「大學島」政策不謀而合，就是善用金門在地緣、文化、兩岸、僑鄉等地利優勢之便，面向兩岸推動高等教育發展，以金門作為兩岸高等教育的交流平台。

基於這樣的前提，李金振說T4都有意願和金門大學合作，今年各校相繼來金勘地、座談，朝著目標一步一步挺進。因此，對於金門大學的發展前景，李金振抱持樂觀的態度，他一再地期勉同仁：「金門大學將來一定會好得不得了」。

T4台灣綜合大學系統的成員中，成功大學已與金門大學簽訂

朱經武院士（左8）宣佈金大將在T4扮演重要角色，立即拉抬了金大的學術位階，成為國境之西大學的亮點。

「金廈成功」策略聯盟，3校已具交換學生的機制。

此外，2014年4月25日，李金振又率李錫捷教務長和李金譚研發長等一行人，赴中正大學簽署合作協定；另安排於同年5月26日赴中興大學簽署合作協定。金門大學與台灣各名校建制交換學生的管道，已由11校增至14校。金門大學學生每學年有250個機會申請交換生，可以赴清大、成大、台師大、國體大、彰師大、高應科大、東海、暨南、淡大、中正、中興等各頂尖大學就讀；2014年6月，金大另與大陸吉林、四川、南京等3所「985工程」，及北京體大、長安大學、陝西師大、華中師大等4所「211工程」名校結盟，此外還與吉林體院、上海師大簽約。李金振說，金門大學的校園，不限於圍牆內的校園，已擴大到所有姊妹校的校園。

洙泗踏歌
逐浪回

18 上承朱子，振鐸浯洲

金大的誕生，環境不孤立，文化不孤立，精神不孤立。
李金振以金門既有的特質為圓心，
以朱子創立燕南書院800年歷史為主軸，
以閩南文化、僑鄉文化、戰地文化為半徑，
從兩岸到南洋之間畫了一個大圓圈。這就是金門大學的樞紐定位。

朱熹、胡璉與李金振，
金門教育史上三巨頭

金門教育發展史上，有三個人居於關鍵性的地位，改寫了金門的教育版圖，起了一個啟導與換檔的作用，那就是朱熹、胡璉與李金振。

這雖是筆者個人的看法，絕對有學理與事實的根據，不是諛詞。讀者或許有人會問李金振到底有何能耐，可以與宋代的大儒朱熹對金門的教育影響相提並論呢？只要放遠50年或100年的眼光，必能證明所言不虛。

除了孔子，
朱熹影響力無與倫比

朱熹對於金門是精神的導引，金門人一向以朱熹過化金門為榮，而過化存神，朱熹影響金門的禮樂教化與讀書風氣至鉅。

朱熹（1130年～1200年），南宋江南東路徽州婺源人（今江西婺源）。在中國儒學史上，朱熹理學的作用與影響僅次於孔子，有人說他是孔子之後最會讀書的人，近人錢賓四先生推崇朱熹始終如一，晚年撰百萬言《朱子新學案》，開宗明義即謂：「在中國歷史上，前古有孔子，近古有朱子，此兩人皆在中國學術思想史及中國文化史上，發出莫大聲光，留下莫大影響。瞻觀全史，恐無第三人可與倫比。」

朱熹創立閩學，
成為東亞文明體系的共同價值

南宋時期朱熹創辦書院，講解經書，培養弟子，並創立自己的學派，因朱熹在福建講學，弟子多為福建人，形成的學派世稱閩學。

李金振在燕南書院擺香案，有上承朱子、
薪火相傳的壯志。

當代書畫大家鄭善禧說，朱熹治學既嚴謹又勤奮，《四書集注》改了18遍，死時手中還握著書稿。而朱子的《四書集注》成為明清兩朝科考的教科書，凡是想通過科舉作官，必須要熟讀此書，不知影響多少士子的前途與命運。

不僅如此，朱熹理學傳到東北亞的朝鮮、日本，也傳入東南亞的越南。在西洋資本主義還沒入侵時，是整個東亞文明體系的共同價值。

因此，朱熹26世嫡孫朱高正說：「在17～18世紀，耶穌會的傳教士來到中國，想要把四書五經翻譯成拉丁文傳到歐洲，發現只有通過朱熹的著作註解才能翻成拉丁文。西方所瞭解的儒學思想，其實都是經過朱熹闡述過的。」閩學儼然成了東西文明的對話管道。

相傳朱熹到過金門，創立了燕南書院，以書院的模式樹立了學校之先河，據了解比牛津大學還早十餘年，成為東西文化的領航者。所以金門人奉朱子為儒宗，金門也成為閩學的一個分支。金門人重視教

育，自古文風鼎盛、科舉人才輩出而有「貴島」之譽，顯然是受了朱子教化的影響。

朱子，
成為金門的教育標竿

「上個世紀70年代，亞洲四小龍崛起，其中就有儒家思想的促使。比如勤奮節儉，重視家庭價值，才能完成資本累積；比如重視子女教育，就是為後來的可持續發展提供人力資源。」朱高正先生這一段話用在金門再貼切不過，而移民到南洋的金門子弟，又把儒學的精神帶過去，成為可資驗證的教育圭臬。

朱子，成為金門的教育標竿。

金門是一個宗法社會，傳統上非常重視教育，歷代出了44位進士，而有「海濱鄒魯」的雅譽。金門人想要出人頭地，只有努力讀書以博取功名，因此，金門各氏族無不注重培養人才，希望能為宗族爭光。這是金門傳統教育的典型。

1911年進入民國之後，實施新式教育，整個社會發生了根本的變化，而國家又長期處於動盪之中，金門這時候是怎麼一個情況呢？金門位處邊陲，地瘠民貧，教育落後，老百姓看天吃飯，豐年勉強可以溫飽，荒年不免於凍餒，除了少數有錢人家的子弟之外，大部分的人都沒有機會受教育。

> ## What lesson did you learn?
> 朱子教化，成為貴島歷史基因。
>
> 金門人重視教育，自古文風鼎盛、科舉人才輩出而有「貴島」之譽，顯然是受了朱子教化的影響。

抗戰前後只要讀到初中畢業，
就要回鄉搬戲請客慶賀

抗戰前後，金門人只要能到集美中學讀到初中畢業，就已然是光祖耀宗，是了不得的一件大事，回來要演戲請客，讓鄰里沾光；這些初中畢業生，就是鄉里的知識分子、地方的領袖，位望崇隆了。

然而，受教育不是有錢人的專利，那些貧困出身的子弟此心不死，仍然求知若渴，遂有私塾的產生——所謂讀「暗冊」。

農家子弟白天耕作，晚上就幾個人合請一位塾師教讀，束脩每月若干銀元或幾斤白米；課本通常是尺牘之類及寫信不求人，希望不要成為目不識丁的「青暝牛」。

這些農家子弟出洋，一旦賺了錢就回饋鄉里，返鄉蓋洋樓或興辦學校，仍然不脫家族主義與宗族主義的色彩，希望能在親族宗黨間揚眉吐氣，這種思想維繫了早期金門的教育命脈。

金門因戰爭而偉大。

1949之後胡璉駐防，
開始發展金門國民教育

1949年大陸撤守，國府轉進金門，兵荒馬亂之中，全島學校散掉，陷入停課狀態。10月25日古寧頭大戰（大陸稱為金門戰役），胡璉將軍接防指揮作戰，一舉殲滅進犯的共軍，穩住了國府風雨飄搖的局勢，成為首任金門防衛司令官兼福建省省主席，從此與金門結下不解之緣。

抗日戰爭金門島被日軍強佔了8年，教育荒廢，學子無書可讀；勝利之後又逢大陸撤守，國軍轉進，馬上又變成兵家必爭之地。胡璉將軍駐守金門，除了領導軍隊，堅守反共抗俄的國策之外，始終沒有忘記金門35,000位民眾，他們的子弟也該有接受教育的權利。

關鍵年代與關鍵人物，主導了歷史的走向。

胡璉將軍初來乍到，駐守在前水頭村，只見風沙蔽野，戰火劫

胡璉將軍，是金門
現代教育之父。

餘，民不聊生。但是胡璉將軍要求金水國小首先復課作為表率，限校
長3天之內開學。

　　校長巧婦難為無米之炊，胡璉將軍說沒有桌椅沒關係，師生就拿
著矮凳子，像軍隊一樣坐在樹下上課。胡璉將軍說你缺甚麼儘管提出
來。校長說沒有老師，胡璉將軍就從軍隊找人才，都是大學畢業的一
時之選，音樂老師可以作曲，美術老師可以開畫展。因此，當年金水
國小的歌曲編寫得特別好，參加全島音樂比賽都得第一名。

掃除文盲，
規定各校設補習班

　　學校常發不出薪水，本地的老師沒薪水，還可以回家啃地瓜勉強
餬口，或者放假時去殺豬，擺在自家門口販賣賺錢營生；大陸來的老
師領不到薪水就活不下去，只有喝西北風。因此，金水國小的學生，
每學期要輪流一天送麋粥給老師吃。

　　胡璉將軍重視教育，也可以從掃除文盲見其一斑。1952年金門全
面辦理補習教育，各校設有成人班與婦女班，男子45歲、婦女15歲以

下，一律接受識字教育。同時各校設有補習班一所，招考小學畢業而無法繼續升學的青少年進行補習。

1949至1954年胡璉首次駐防金門，從充實金城、沙美兩所國民學校著手，其次在莒光樓前興建1所國民小學（莒光國小，現已廢校），為了建這所學校，還在夏墅港築堤，頗費了一番功夫，工程進行一半，他就調回台灣。

胡璉將軍第二次駐防，
蓋了5間國民小學

1957年胡璉將軍第二次駐防，由於得到中央的大力支持，金門的財政也有了長足的改善，因此就有計畫的興建國民小學。胡璉說，首先在太武山南麓興建金湖國小，是當時的政戰部主任尹殿甲所促成。

萬事起頭難，有了這個成就，胡璉將軍下令所屬在軍事備戰之餘，積極推動建設小學。在料羅灣，由防衛部砲兵指揮官郝柏村上校設計督導，和官兵共同工作，不到兩個月時間，利用構築砲兵掩體剩餘的材料，完成了包括校園布置、圍牆修築，連同教室桌椅設置在內，可以容納200多名的鄉村小學校，背山面海，氣象昂揚，花費不到30萬新台幣。

胡璉將軍認為這是郝柏村的智慧與魄力，為了紀念，也為了鼓勵，遂取名為「柏村國民小學」。揭牌時胡璉將軍還請一男一女兩名小學生剪綵，跟莒光樓請大擔島戰役英雄賴生明題字如出一轍。胡璉將軍的用心即使放眼今日，也不多見。

接著第8軍軍長王多年率直屬部隊，在溪邊與大洋之間，興建了「多年國民小學」。第10師師長馬安瀾在陽翟以北，興建了「安瀾國民小學」。第93師師長雷開瑄和馬安瀾師長協力完成小徑與雙乳山之間的「開瑄國民小學」。

胡璉將軍說：「正當第27師林初耀師長，第32師張聞聲師長，及第10軍張國英軍長等的『初耀』、『聞聲』、『國英』等國民小學校計畫，即將開工之際，823砲戰爆發了，『打仗第一』，上述那些待

建的學校只好暫停。」

胡璉將軍所興建的五所國民小學，紮下金門教育的根基，如今都還在發揮它們的功能，幾十年間不知培育了多少金門子弟，改變了多少人的人生走向，實在是功德無量。

胡璉創辦金門高中，
親自搬石頭興築圍牆

胡璉將軍有鑑於大陸學潮的危害，為了懲前毖後，認為金門雖小，學生雖少，但亡羊補牢總比不補的好。於是決定每屆兩三百個青年兒女，應該好好教育，使他們在人生大道上做一個品學兼優、堂堂正正的國民。因此決定金門中學，由金門縣政府自己辦。

學校分成高、初級兩班，地點就在金城市郊的中正堂，它是1951年由工兵興建，短短3個月就完成。取名為「中正堂」，寓有反攻復國、激勵將士的時代意義。因為外牆通體白色，金門學子暱稱為「白宮」。

金門中學創立之後，學生一律住校，衣食完全公給，設備及教員都由軍隊資助，也採取了軍事管理。

談到爭取設立金門中學，胡璉將軍講了一個故事：

> **What lesson did you learn?**
> 胡璉將軍是金門「現代教育之父」。
>
> 胡璉將軍興建五所國民小學，紮下金門教育的根基，如今都還在發揮它們的功能，幾十年間不知培育了多少金門子弟，改變了多少人的人生走向，實在是功德無量。
> 胡璉將軍有窮不能窮教育的仁懷，可說是金門「現代教育之父」。

洙泗踏歌逐浪回

1951年，胡璉將軍興建金門中學的中正堂，
矗立在高亢的地方，風勢很強。

「當時浙江省政府在大陳成立時，行政院每月給省府台幣3萬
元，福建省政府便援例請求，我當時兼福建省主席，院長陳辭
公對我說：『因為你是我舊日部屬，為了避免別人評我徇私，
所以錢不能給。』我福至心靈，忽然想到院長的籍貫，乃繼續
懇求說：『院長發給浙江不發給福建，別人依然會批評院長厚
本籍而薄他省，還是徇私。』辭公聽我言之有理，笑問我兩全
之道，我回他：『行政院是省府的上司，一視同仁，公平待
遇，其他各省若有能光復一城一地，行政院准予援例。』於是
便蒙核准了。」

　　胡璉爭取到3萬元，剛好夠建一間教室，於是圍繞中正堂，每月
建一間教室，一連建了十二間，漸漸成了規模。

金中招考金門子弟，
展開教育新紀元

　　金門中學招考金門子弟入學，從此開展了金門教育的新紀元，培

育了金門的讀書種子，而與昔日的舉人、進士分庭抗禮。

中正堂的建築，為了氣象壯闊，雄峙虎踞以臨大陸，所以把地點選在高崗之上，但是金門季候風十分強烈，門窗震撼，妨礙教學，因此有築擋風牆的發想。

胡璉將軍說：「陶侃運磚，我們搬石，時代不同，意義相等。」因此把晨操改作搬石頭運動，不論司令部的官兵與學校教職員生都要搬；胡璉將軍每天早上6時至7時精神講話之後，也率同副司令官柯遠芬將軍、行政長李德廉等軍政首長，徒步到2公里之外的山前村搬回石頭。

搬石頭上行下效，成為全民運動，學生朝會之後，不論男生、女生都要搬，有力氣的就搬大塊的，沒力氣就搬小的，大家魚貫而行，高高興興，成群結隊地行進，甚至發現平劇團的旦角也用手帕在搬石頭。

沒有多久，金門中學以及運動場的圍牆就蓋成了，至今還堅固耐用。胡璉將軍以身率下，贏得地方父老的稱頌。

胡璉將軍，
金門現代教育之父

胡璉將軍兩度主防金門，曾找出金門的歷史歸趨：「福建省的人，好以富貴貧賤四字形容廈門、金門、平潭、東山四個大島，金門居然取得一個貴字。」

金門之所以貴，因為金門自古以來就注重教育，因此科甲鼎盛，商紳顯宦輩出，代有才人，詩書耕讀傳家，成為貴島的歷史基因。

金門教育的現代化、普及化，不再仰賴私塾與華僑興學，可說由胡璉將軍竭智盡力發其端，扮演推手的角色。胡璉將軍有再窮也不能窮教育的仁懷，可說是金門「現代教育之父」。

李金振是戰後嬰兒潮出生的，也是直接受惠於胡璉將軍教育的新一代金門子弟。但是當金門從戰爭之島轉化成和平之島的當口，他因緣際會地創辦了金門大學，這是他的歷史機遇——成為時代的寵兒。

2010年8月1日中午12時9分，李沃士縣長（前左三）、
廈大校長朱崇實（前左二）與金大校長李金振（前左
四），共同在燕南書院之前點火傳薪。

李金振繼承朱子，
振鐸浯洲

李金振以金門的文化基因，站在前賢的肩膀上，發揮了他的執行
力。我們可以從他的作為中去探討他的思維。俯仰之間，他慨然有繼
承朱子教育的使命，2007年他繼志述事振鐸浯洲：

金門啊！
其命運是何等坎坷乖逆，
正當台灣各縣市高等教育蓬勃發展之際，
她卻忙著與對岸打仗，
俟戰後要重修荒廢的功課已逾半個世紀，
在比大比多比富有的價值觀中，
她空有豐盛的人文傳承，卻無施展之地，

金門技術學院啊！
卻又是何等的好運，得來大福氣，
在一片不看好的政策評估中，
她兼程追趕，搭上國立大學之林末班車，
途中欣慰地自語：只要能達致目標，管他是坐票還是站票。

金門技術學院的全體師生啊！
其特質是何等的堅毅勇往！
金技學院以先天不足的體質，誕生在貧困家庭又後天失調，
這樣的條件要享受成長的樂趣也難，
外人鮮能體會人少事多責任重的滋味，
幸有總統府、行政院、教育部的高瞻遠矚！
有金門縣政府的鼎力支援！
有高應科大的犧牲相挺！
有鄉親僑領的雪中送炭！還有
全體同仁的奮鬥不懈，才能勉強拚出
今天一點點的成果。

點燃薪火之後，由小朋友接棒薪傳，一路接力跑到金門大學，
代表傳承自燕南書院。

點燃自燕南書院的薪火，代表由朱子燕南啟道，一路薪火相傳，
接續了800年前的閩學宗風與文化火種。

金門大學掛牌，
到燕南書院點燃聖火傳薪

朱子的閩學宗風，曾經盛極一時，然而在今日的燕南書院又點起了繼絕的爝火。

2010年8月1日金門大學掛牌，天亮前，李金振特地前往古區的燕南書院點燃香火。

金門大學只花了短短17年就建校成功，但李金振卻認為醞釀了800多年。因為相傳南宋紹興26年（西元1156年），朱熹在金門創立燕南書院，金門大學的成立，就是上承燕南書院。

因此，李金振有一種繼志的使命，動員小學、初中、高中、大學的學生，以「薪火相傳——源遠流長」的隊伍，一路沿著古城國小、官裡、賢庵國小、莒光樓、金城國中、浯江書院、中正國小、金門高中等各級學府，將聖火傳抵金門大學校門口。由國立高雄應用科技大學前校長黃廣志，遞交給國立金門大學首任校長李金振，並請朱子25代嫡孫，廈門大學校長朱崇實代表祖先來點火，然後才舉行金門大學揭牌典禮。

李金振認為金大是克紹了燕南書院，而由朱子薪火相傳的。因此，李金振把金門大學定位為燕南書院的復校，而不是金大的創校。

What lesson did you learn?
上承燕南書院，承先啟後。

金門大學只花了短短17年就建校成功，但李金振卻認為醞釀了800多年。

南宋紹興26年（西元1156年），相傳朱熹在金門創立燕南書院。金門大學的成立，就是上承燕南書院。

金聲玉振，代表儒學教育的典型。

高應科大老校長黃廣志（右），將薪火傳予金大校長
李金振點燃，象徵著傳承燕南書院薪火。

他認為復校是原來有這個學校，只是後來失去了，現在把它恢
復起來。

　　也許李金振在冥冥之中有其天命，泉州孔廟兩個側門的
顏額就分別寫著「金聲」、「玉振」，是不是他就是為辦教育
而來，這是他今生的使命。沒有胡璉將軍，就不會有今天的金
門；同理，沒有李金振，就不會有今天的金大。

　　金門大學於焉誕生，首次校務會議的第一個提案，決議把
金門歷代進士追認為金門大學傑出校友。由詩人鄭愁予寫入校
歌，第一句「燕南啟道，傳承八百春秋」，最後用「44位進士
啊！老校友」，歌頌作結。

金門大學校長李金振，是金門高等教育的領頭羊。

真知力行，
李金振是金門高等教育領頭羊

　　金大的誕生，環境不孤立，文化不孤立，精神不孤立，李金振以金門既有的特質為圓心，以朱子創立燕南書院800年歷史為主軸，以閩南文化、僑鄉文化、戰地文化為半徑，從兩岸到南洋之間畫了一個大圓圈。這就是金門大學的樞紐定位。

　　金大的創立，體現了李金振的人格特質與精神。他試圖與歷史結合，與地理結合，與文化結合。知是行之始，行是知之成，而以真知力行貫穿了整個金大的創校歷程。所以金大不論是校訓——真知力行，兼善天下；或是校歌中的兩句話——真知力行是課業，兼善天下

是文憑，完全是李金振人格意志的貫穿。

歌德說：「Knowing is not enough, we must apply；Willing is not enough, we must do.」這句話說光知道是不夠的，必須會用；光願意是不夠的，必須力行。

歌德的名言，可以與金大的校訓「真知力行，兼善天下」相互輝映。

李金振，是金門高等教育的領頭羊。

What lesson did you learn?
不能光說不練，最重要在力行。

歌德說：「Knowing is not enough, we must apply；Willing is not enough, we must do.」

這句話是說，光知道是不夠的，必須會用；光願意是不夠的，必須力行。

19 機會，
是留給準備好的人

海水退潮之後，馬上又會漲潮，
因此，必須掌握漲退潮之間的有限空檔趕快工作；
這是李金振從生活哲學當中，所掌握的生命哲學。
機會是不駐足等人的，生存是沒有僥倖的。

李金振的治學與做事的風格，是由他的家庭教育、成長背景與工作挑戰所形塑出來的，一路走來形成了他的底氣，看似柔韌，卻是堅強；看似拙樸，其實智巧。他說不刻意追求成功，卻善於把握機會。

　　他的童年在砲火聲中度過，生命朝不保夕，不敢想會活到甚麼時候，可能隨時會死掉，也沒想到會活這麼久，因此很知足。不過想到童年的家庭生活，他覺得幸福、快樂而甜蜜。雖然那時物質生活條件不佳，但是父母親給他的養育、關愛和教導，讓他終身受用。

　　南山是一個鄉下農村，婚喪喜慶鄰里互動密切，必須互相幫助。農忙時挑水肥，今天你幫我，明天我幫你；今天我借你的牛，明天你借我的馬，不時相互支援。在這樣的環境之下，父母親從小的教育薰陶，讓他建立了助人為快樂之本的價值觀。

小時生活艱困，
養成勇於承擔的習慣

　　而艱困的農村生活，一絲一縷，一菜一飯得來不易，讓他從小養成勤勞節儉的習性。古寧頭人的生活要與天爭，要與砲火烽煙爭，要與流離顛沛爭，這些形成了他的生命基因，具體而微地表現在整個創校的過程中。

　　聖經上說：「勞苦挑重擔的人有福了」，李金振說小時候挑重擔讓他印象深刻。南山村的田地距離村莊很遠，一天往返了不起挑個四、五回而已。李金振說每逢收成季節，農作物堆積如山，必須挑著重擔回家；如果自己挑少一點，父親就得挑多一點。父親常體諒孩子的力氣小，每在擔子加放一點，就問孩子挑不挑得動？李金振都回答說很輕很輕，於是父親就順勢再加一點。

　　李金振自己明明挑不動了，還要父親再添一點，為的是減輕父親的負擔。他挑著擔子故意走得很輕快，再躲到轉彎處有蘆葦遮掩的田埂邊歇息，等到父親快跟近了，又馬上挑起來故作輕鬆狀，繼續往前走。

　　這樣的生活背景，讓他勇於承擔。

823砲戰之後，開始單打雙不打的日子，李金振就是過
著圖中這樣的童年歲月，以為隨時會死掉，沒想到會
活得這麼久。

古寧頭人為了生活，剝海蚵的辛苦畫
面，現已轉化為發展觀光的嘉年華，但
有誰真正了解隆冬之際討生活的滋味。

金大崛起──魔法校長李金振

李金振說他的成功慾望來自於使命必達,這種個性的養成,與他小時候「擎蚵」(下海剔海蚵)的生活背景有關。

　　他從潮水的消長瞬息之間,掌握一種契機,就是凡事要爭取時間;掌握機會就可能滿載而歸。漲潮前挑起擔子不吃力,若沒有掌握好時間點,等漲潮之後,海流速度很快,後果是艱苦地挑著一擔泡了海水的重擔,回程的路上真是「積重難返」。

擎蚵要把握潮水,機會不等人;
挑蚵要勇往直前,不容你擋路

　　李金振說冬天「擎蚵」非常辛苦,早潮清晨3點多鐘就要到海邊等。北風凜烈直吹,躲都無處可躲,穿著破棉襖在岸上哈氣觀潮水。潮水每天漲退潮相差48分鐘,李金振說只要看見蚵石露出海平面20%,就要立即往蚵田衝。

　　海水退潮之後,馬上又會漲潮。因此,必須掌握漲退潮之間的有限空檔趕快工作,這是他從生活哲學當中,所掌握的生命哲學;機會是不駐足等人的,生存是沒有僥倖的。

　　挑了一擔海蚵上岸穿過海門,中途是不能休息的,因為後面的人緊追著你,讓你不能卸下擔子。尤其當魚貫走上檢查哨的狹窄階梯,

What lesson did you learn?
「擎蚵」的潮水哲學。

　　李金振說他的成功慾望來自於使命必達,這種個性的養成,與他小時候「擎蚵」(下海剔海蚵)的生活背景有關。

　　潮水每天漲退潮相差48分鐘,只要看見蚵石露出海平面20%就要立即往蚵田衝。

　　從潮水的消長瞬息之間,掌握契機,爭取時間;掌握機會就可能滿載而歸。

連擔子都不能換肩，必須步步為營地往上走；走慢了，後面的人就催你，因為大家的擔子都很重，不容你擋路。

這樣的生活，讓李金振在人生路上，養成一種個性，你必須任重道遠，你必須勇於承擔，而且不能擋路。

李金振把潮汐的變遷應用到行事上，他感受到一種漲潮的壓力，從這漲潮的時刻起算逆推。因此，「我將終點當做起跑點，並非從起點算到終點，不是以順其自然、水到渠成的態度做事，而是設定終點的時間，再往前一步一步逆推。在期限內編進度、劃時間表，前提不是依客觀條件盡力而為，而是使命必達的決心，這是大範圍的規劃。接著便擬定細部計畫，分頭去做。如大學的成立，創校的條件很多，包含校地、校舍、科系、教師、學生等，每一項都有每一項的進度，需要分門別類去運作，如環保署的環境影響評估、內政部的都市計畫變更、縣政府的無妨礙都市計畫證明等。」

畫一條終點線作為逆推的起跑點，是李金振的做事哲學。

考上博士班，隔年就回來創校，
瓜熟蒂落當校長

李金振小一留級了三年，小學畢業已經16歲了。國中、高中與大學，他都比同班的同學大3歲。研究所碩士畢業時32歲，到了成功大學又從助教做起。他的起步很慢，可算是輸在起跑點。但是達到終點卻不慢，44歲已經是成大的正教授了。他應該可以滿足了，一位蚵農

What lesson did you learn?
從潮汐變遷，領略做事的方法。

他感受到一種漲潮的力量，從漲潮的時刻起算逆推，因此做事不是從起跑點規劃進度，而是以終點當起跑點，再往前一步一步逆推。

李金振當年在蚵田「擎蚵」的畫面就像這個樣子，
寒風刺骨，生活逼人，結果磨練了他的心志。

之子，一步一腳印地攀升到頂尖大學的正教授，李金振曾滿意地說：
「人生如此，夫復何求！」

　　在職級上雖爬升到最高峰，但學歷上僅碩士學位。為補足未完
成的學業，於是他又決定攻讀博士學位。一開始報考美國的北伊利諾
（UNI）大學的遠距教學，後來覺得既然要花時間，應該走正途報考
台灣的研究所。因此，1996年以47歲高齡考上了台師大的三民主義研
究所博士班（後改名為政治研究所）。

> **What lesson did you learn?**
> 機會不等人，只給有準備的人。

　　44歲已經是成大的正教授，他應該可以滿足了。但他滿意而不滿
足，47歲再去讀博士，54歲順利地當上校長。
　　機會，是給有準備的人。

李金振得了博士學位，又榮任國立金門技術
學院校長，到南山村李氏宗祠晉匾。

站上頂峰，
眼界自此不同

　　他是成大的正教授去讀博士班，他的老師有些還只是副教授，但李金振本乎尊師重道的精神，完全堅守學生的本份。隔年1997年他就回金門一邊辦學、創校，一邊進修。他每次上課都前一天先到台北，住在台師大的校友會館。上課第一個到教室，老師對他的學習精神十分肯定。

　　2000年51歲取得了博士學位，過程很順利。李金振說，當初去讀博士，很單純地只想補足未完成的學業，沒想到隔年會回金門，更不可能想到2003年會去應徵校長。他無所為而為，結果是瓜熟蒂落的大有為，人生的風景完全改觀。

　　他，站上了一個頂峰，眼界自此不同。

　　回想當初如果沒有去唸博士，即使有教授的職位與豐富的行政資

歷，但要應徵校長可能連門檻都達不到，他只有為人作嫁。因為得了博士學位，使他有機會在54歲當上金門技術學院的校長。

這叫不求自得。機會，是給有準備的人。

創校三大要件，
掌握了天時地利人和

因此，他回來辦學與創校，剛好掌握天時、地利與人和，完成了他一輩子最大的功業，為祖上增光。

天時——金門解嚴與解除戰地政務之後，脫去了戰地的外衣，回歸到憲政的常軌，而兩岸關係從緊張對峙與肅殺氣氛趨向於和解，有利於彼此文化交流與人民的互動往來。

地利——金門在東北亞與東南亞的交會點，台灣與大陸的交會點，它又處在戰地文化、僑鄉文化與閩南文化的節點。

人和——金門海內外鄉親團結一致，不論海外華僑、旅台學者、同鄉會以及在地的民眾，都希望設立一所金門大學，所以李金振就穿針引線，把分散的條件匯集起來。

他說教育部通常不會幫各校規劃細節和未來遠景，完全要靠主其事者的遠見與魄力；教育部要李金振返鄉開柑仔店（雜貨店），誰想到他竟把它開成百貨公司。

What lesson did you learn?
轉身、跳投、得分。

教育部要李金振返鄉開柑仔店（雜貨店），誰想到他竟把它開成百貨公司。

原來教育部只想在金門設立一所專科學校，結果他「轉身、跳投、得分」，三級跳，設立了金門大學。

洙泗踏歌逐浪回

金門大學春天櫻花開滿園，這也是李金振人生春風得意時刻。

李金振說教育部本來只想在金門設立一所專科學校，結果他三級跳設立了金門大學，讓兩岸友校既羨慕又詫異，形容李金振這一連串的舉動是「轉身、跳投、得分。」

回顧創校之初，李金振首先要把分散的資源整合起來，把潛在的實力彰顯出來。他說要把海外與國內的條件整合，把分部與校本部的條件整合，把中央與地方的條件整合。政府機關包括教育部、金門縣府會、福建省政府、金門國家公園、金防部，而民間則有地主和墳墓家屬等。

創校整合相當困難，
小時生活經驗看出苗頭，掌握契機

設校的條件越多就越複雜，整合就越困難。不過李金振說，小時候上山挖番薯，練就了一身功夫。一場大雨之後，田地都是平的，地瓜苗不久就會破土而出；他只要看地瓜苗的顏色和濃密度，就知道地瓜有多大。

他從這個經驗裡看出一種契機，應用在創辦金門大學上——只要

看出一點苗頭，就趕快抓緊機會。

　　小時的生活歷練，讓他的眼尖了起來；成功大學的歷練，不僅開拓了他的眼界，更鍛鍊了他一身處事的功夫。

　　李國鼎介紹他到成大之後，夏漢民校長請他當秘書。由於這一層關係，有關典章制度與校務會議他都要擬稿，校長批示的公文也要他通知連絡，因此，對於校長的業務他已先實習了，並不陌生。

　　成大當時有文學院、理學院、工學院與管理學院；夏漢民校長準備設第5個學院醫學院，需要政務委員李國鼎的協助。醫學院的人事規模相當於整個成功大學那麼大，經費的籌備、土地的取得、工程的興建、醫學院的組織、相關科系所的創設及教師的聘請等，整個規劃、籌備過程千頭萬緒，李金振目睹而且親身參與，回來就複製套用在金門大學上。

套用成大模式，
創校程序、要素及過程了然於胸

　　所以成大有文學院，金大有人文藝術學院和社會科學院。成大有管理學院，金大也有管理學院。成大有理學院和工學院，金大有理工學院。成大有醫學院，現在金大也有健康護理學院。有關學院系所之規模，不難發現，李金振都是依照他在成大的經驗而設計的。

　　李金振說：「我知道設校的程序、要素及過程要件，所以當回到

What lesson did you learn?
從生活經驗，看出做事的苗頭。

　　一場大雨之後，田地都是平的，地瓜苗不久就會破土而出；他只要看地瓜苗的顏色和濃密度，就知道地瓜有多大。
　　只要看出一點苗頭，他就趕快抓緊機會。

李金振感謝大哥的犧牲，就讀台師大，留下了三兄弟
一起烤肉的珍貴鏡頭，右為李金振，中為大哥李金
猛，左為弟弟李金駿。

金門時，心中已有一套設校標準答案。我發現金門各項條件都具備，於是就將各種要素撿到籃子裡，籃子滿了就提出申請，一點一滴的累積，就逐漸滿足設校的條件。」

李金振的敏感度與許多人生觀念，多來自於生活的體悟。正如孔子說的：「吾少也賤，故多能鄙事。」他把吃苦當作吃補，少小時生活困苦的磨練，反而鍛鍊他克服困難、追求成功的一種毅力。

父親過世之後，他被迫早熟。家中種田，春耕夏耘，他本來都不懂。以前天塌下來都有人頂著，但現在他必須自己面對。甚麼時間該播種，種甚麼？他必須提早去學習。

**善於掌握機會，
甚至創造了許多機會**

他把困頓的生活環境，轉換成人生意志的試煉場。

李金振說：「爸爸過世，首當其衝的是我哥哥，感謝大哥的犧牲，讓我無後顧之憂地一路負笈台北。我心裡常這樣想，我是代打者，務必要安打，才能得分。第一年考上私立中國文化學院新聞學系，學費都由家裡負擔，我很感謝哥哥及族親李清傳的資助。讀書如果沒有成功，他日如何報恩，因為那麼多人對我有所期待。」

李金振不諱言自己好勝心強，善於掌握機會而不強求。創造機會只為了多做事，若有機會就去把握，若有契機就去追求。不過，經由努力而沒有成功，他也認命而不怨天尤人，從不去責怪已經發生的事實。

校長筆記

　　孔子說：「吾少也賤，故多能鄙事。」把吃苦當作吃補，困苦反而能鍛鍊心志，成為追求成功的毅力。

20 叫醒
國父孫中山先生

辦學固然困難重重，但金門鄉親的保守心態與本位主義，
給他更多的壓力，如墳墓的遷葬與私有地的價購，
沒有身歷其境的人很難想像。
然而，李金振說：「若跟 國父當年革命相比，是小巫見大巫。」

金門地區有很豐富的元素，往昔戰地史蹟，
紀錄了一段歲月滄桑。

治國與治校都要有理念，
道理是相通的

　　建國先要有治國理念。因此，　國父孫中山先生就創立三民主義
的學說。有了理念才能革命，所以他說革命的基礎在於高深的學問。
三民主義就是一門高深的學問。李金振說，辦學理念，同樣也需有高
深的學問作基礎。教學的宗旨，是要教導學生具備哪些能力呢？培養
那些基本素養呢？要達到這些能力與素養，應該規劃甚麼課程？充實
那些配套措施呢？

　　孫中山先生強調革命是求進步的事業，所以要以高深的學問做基
礎。孫中山先生獨創了一套做事成功的標準程序。他說：「是故凡能
從知識而構成意象，從意象而生出條理，本條理而籌備計劃，按計劃
而用功夫，則無論其事物如何精妙，工程如何浩大，無不指日可以樂
成者也。」

李金振學以致用，就是遵照這套作業流程，成功地創辦了金門大學。以興建校舍為例，建築設計是非常專業的知識，李金振自知力有未逮，於是委請建築師負責設計。設計過程，建築師依其專業知識提出意象，再根據意象提出構想書，讓業主充分表達對空間的需求和分配，透過平面圖，有系統、有條理地與建築師逐項檢討，反覆討論定案後，建築師才依構想書進行細部設計，完成詳盡的計畫書和施工圖。最後發包，承包廠商只要按圖施工即可，業主再依施工進度驗收付款，假以時日，即可竣工啟用。

叫醒　國父孫中山先生，
走入有情人間

李金振創辦金門大學，活化了　國父孫中山先生創建中華民國之遺教，將三民主義從標榜救國救民、陳意甚高的偉大思想，落實到基層建設上。走入了有情人間，使它變成有血有肉，可以應用與實踐，而不是供奉在廟堂或學術殿堂裡的教條。

李金振的大學生涯，從台師大到台大，從學士、碩士到博士，都主修三民主義，三民主義是怎麼來的？並不是孫中山先生個人的突發奇想，而是集合古今中外學說思想的精華彙整而成的，不僅放諸四海皆為準，而且符合國際化的世界潮流，同樣也因應國家階段性發展的

What lesson did you learn?
國父獨創做事SOP。

有知識才有意象，有意象才有條理，本乎條理擬定計畫，按計畫下功夫，則事業無論如何精微，工程無論如何浩大，無不指日可成。

胡璉將軍兩次主防金門，那時的國策是反共抗俄，
解救大陸同胞，金門這時扮演關鍵性的角色。

需求。

　　國父孫中山先生的思想體系具備三項主軸，首先是三民主義的
理論基礎，接著是《建國大綱》揭示國家發展的步驟和目標，最後是
《建國方略》的具體建設。

　　李金振精研　國父的學說，將這套理論架構，用來辦學與創校，
道理也可以相通。他說辦學要先有治校理念，將學校的定位、發展目
標、學校特色，以及未來的願景，提出一套自圓其說的理論，作為學
校的核心價值，和發展動力的最高準則。

學以致用，
把　國父的實踐步驟用在建校

　　再從實踐的步驟及目標來看，三民主義畢竟是一種思想理念，也

閩南文化的精粹，現在保留的最好的就在金門，千萬要懂得珍惜。

閩南式建築的木雕，不僅雕工精細，而且富有文化內涵，幾乎成為絕響。

是一種邏輯辯證，至於如何實踐，則有賴《建國大綱》的指引。在短短二十五條綱目中，將國家發展目標和達成的步驟，作出扼要列舉，言簡意賅，是建設國家極為清楚的切入點。校務發展也是一樣，先研擬學校未來中長程發展計畫書，規劃未來的發展目標和配套措施，作為各項建設的指導原則。

孫中山先生提出了建國方略，親自完成《孫文學說》、《民權初步》、《實業計畫》等著作，作為心理建設、社會建設、經濟建設等重大建設的指導藍圖。學校建設亦然，校地的開發，要有校園整體規劃；校舍的興建，除了構想書之外，還要有細部計畫書；系所的增設，要有申請書。

孫中山先生創建中華民國之遺教，相當於政黨政治的政見或政治主張，必須透過立法程序，訂定為憲法或法律的條文，才能頒行全國。學校亦然，校長候選人的治校理念或教授治校的言論自由，都不能要求全體師生照辦，必須經過會議通過的決議才算數。其中，學校的組織規程，猶如國家的憲法，是校內各項法規之母法。

金大不是全國161所大學加1，
而是另一所不一樣的唯一

金門的歷史有閩南文化、僑鄉文化、戰地文化等背景，這是發展高等教育的極佳環境。李金振說：「如果一個學校沒有理念、沒有靈魂，則猶如補習班一樣，形同虛設。金門大學應該不一樣，它不是全國161所大學加1，而是另一所不一樣的唯一。否則，在少子化的催逼下，國家並不缺這一所大學啊！為什麼金門大學有存在的必要呢？於是我開始思考，尋找理念。從全球的學術分工切入，金門能缺席嗎？如果少了金門，世界會不會有缺憾呢？」

李金振幾經思考，認為戰地文化是冷戰的象徵，閩南文化是世界上碩果僅存的活博物館，僑鄉文化是金門人奮鬥的精神象徵，不管從歷史、文化、人文或地理的角度來看，都是世界學術上不可或缺的一環。

這是廈門的碼頭,萬商雲集,當年金門人落番,
就從這裡坐船到南洋打拚。

從廈門港,可以追尋我們祖先下南洋的足跡,由
這兒出發,載著多少金門人的夢想。

到了新加坡，許多人只能搖著這樣的舢舨載貨，賺一點微薄的收入。金門人賺慢錢的觀念，也就從這時候奠定。

　　李金振認為，哈佛大學即使再好，但她能取代金門嗎？如果她需要研究金門的話，也要到金門來啊！所以他認為金門大學的成立一定要有基本的思想與靈魂。所謂國有國魂，校有校魂。

　　有了這樣的認識，李金振就將學校定位為以教學卓越為基礎，就是透過核心能力與基本素養，培養出一定素質的金大人。將來走出校園可以貢獻所學，服務社會人群。

　　李金振說學生除了要有核心能力、專業能力、就業能力之外，還要具備基本素養。能力的培養要仰賴名師教導，而基本素養之養成，「境教」格外重要。境教是指基本素養和潛在能力的耳濡目染和潛移默化。基本素養是表現在人生觀、價值觀、歷史觀及人格特質上，而潛在能力是指尚未開發的內在能力。

金門人刻苦耐勞，到了南洋在橡膠園工作，忍著思鄉思親的苦痛，一心只想衣錦還鄉，但是幾人能夠？

　　金門大學得天獨厚享有優異的境教，從戰地文化看老兵的故事，從閩南文化看先民的創作，從華僑文化看僑領的堅忍奮鬥，從可歌可敬的故事中得到啟發，擁有別的學校所不敢望其項背的學習環境。

　　李金振鼓勵全校師生研究金門特殊的歷史文化，將研究成果轉換為故事，再根據故事轉換為教科書，最後規劃為課程，透過課程讓學生習得這些能力。這種善用地方特色的教學，與孫中山先生提倡發揚固有文化有異曲同工之妙。

What lesson did you learn?
境教。

　　指基本素養和潛在能力的耳濡目染和潛移默化。
　　金門大學得天獨厚享有優異的境教，從戰地文化看老兵的故事，從閩南文化看先民的創作，從華僑文化看僑領的堅忍奮鬥，從可歌可敬的故事中得到啟發，擁有別的學校所不敢望其項背的學習環境。

到了南洋，投身馬來西亞的錫礦廠工作，
金門人想發南洋財，可沒有那麼容易。

順乎潮流、應乎人情所做的決定，
一定會成功

　　每件事都有初衷，起心動念的剎那，先不要問能不能成功，而是問這件事值不值得做。若這件事有價值且值得一做，這件事就非做不可，不要遲疑。因為符合多數人的需要，其成功也是必然的。像國父決心革命之前，就先認定革命是順天應人的事業，是值得做的事業。李金振說，如果你作了正確的判斷就會成功，所謂正確判斷就是順乎潮流、應乎人情所做的決定，因為順天者昌，一定會成功，只是時間早晚的問題，所以必須堅信不疑。

像　國父革命一樣，
不達目標絕不中止

　　李金振以他自己的經驗，印證　國父說的信心的重要。他以設大學來說，將技術學院改制為大學，是相當高難度的事。照理說技術學院升格，應該是升為科技大學。但李金振發現金門沒有產業，卻有豐厚的人文背景與歷史文化，因此他認為應當要發展成一般大學。於是就抓緊這個方向，全力以赴，不達目標絕不中止；就像當年　國父革命一樣，革命是對的事，但阻力也相當大，成敗關鍵只在一瞬間，一瞬間就能決定成功或失敗，把握機會去做就對了。

　　李金振說辦學固然困難重重，但金門鄉親的保守心態與本位主義，給他更多的壓力，如墳墓的遷葬與私有地的價購，沒有身歷其境的人很難想像。然而，李金振說：「若跟　國父當年革命相比，是小巫見大巫，革命的困難度，實千百倍於辦學。」但兩者成功的秘訣，同樣都是來自於信心，就是百折不撓直到成功。

喚醒民眾，
有時必須忍氣與受氣

　　他舉大學路拓寬為例，從產業道路變成15米寬的道路，因為涉及私有地的徵收，已經有十七位地主同意協議價購，只剩一位地主不同

> **What lesson did you learn?**
> 只要有信心，難事也如反掌折枝。
>
> 　　金門技術學院升格，照理應該是升為科技大學，但是最後成功升格為金門大學。
> 　　李金振以他自己的經驗，印證　國父說的信心的重要。

這裡可以看到金門人落番的身影，滿載妻兒父母的
期望，在新加坡拉人力車，省吃儉用寄錢回家。

意，因此延遲了3年，經過兩任縣長都無法解決，後來請縣府主任秘
書翁廷為出來協調。

　　三年的物換星移，土地徵收有了重大變化。3年前土地的公告現
值是每平方公尺800元，現已漲到1,000元。3年前協議價購的倍率是
土地公告現值的5倍，而現在已調降為4倍。地主強烈要求採用3年前
的5倍倍率及當前每平方公尺1,000元的公告現值來辦理價購。

　　李金振說他聽不下去了，就在協調會中起來發言，認為法規的適
用應有一致性，不應擇其有利捨棄不利作為取捨的標準。至於採用三
年前或現今的規定，是以行為發生當時的法律為準，即3年前和其他
17位地主同等待遇。至於會延到今日，是因為地主自己不配合所造成
的。地主聽進李金振的一席話之後，立即表示接受。

過了不久，地主發現父親的土地尚未繼承，按照法律規定，土地繼承權應當過期了。後來地主來找李金振，李金振也不計前嫌，幫他找土地代書，尋求合法的法規途徑，為他解決困難。

發揮政府有能角色，為民解決困難

　　李金振堅信孫中山先生所言：「政府有能、人民有權」，地主有土地所有權，但卻出了繼承的問題，金門大學是國立的政府機關，應發揮政府有能的角色。不久，問題順利地解決了，地主可以合法繼承了。

　　有一次路經中正國小，李金振正步行到金瑞飯店接待外賓，地主開車看見硬要載他一程，雖然路程很短，根本不需要，但地主覺得能幫李金振服務比較心安，李金振只好欣然接受。

金門人下南洋，俗諺有云：「六死，三在，一回頭。」
像他在新加坡開舢舨還能返鄉探親，已算是幸運的了。

李金振舉這個例子，是在說明他最大的難題是和地主溝通。與私人談利益，必須能夠忍氣與受氣，發揮政府有能，而且不厭其煩、不怕困難地為人民解決問題。

另外，與教育部談核准也是件困難的事，准不准設校、准不准設系、准不准升格，李金振說他很害怕教育部的承辦人員下一秒說「不」。他說上級不同意，下級一點辦法也沒有，只能到教育部多溝通。還有縣政府的補助款通不通過，准不准動支，都必須看議員的臉色。

操之在我，
再苦都可以忍受

因此，他說操之在我的事，再怎麼苦都可以忍受。但是操之在他人的事，就一點辦法也沒有。

小時候挑重擔，多重都可以忍受，加上家裡種田，讓他體會到什麼是吃得苦中苦。成長過程中寒風裡挑重擔，忍飢耐餓，這些經驗都讓他刻骨銘心。這時，李金振就會回憶起母親常勉勵的那句話：「吃苦像吃補。」

上班族週休2日，李金振從小學到高中卻都是週休5日，這是怎麼一回事呢？

What lesson did you learn?
力行思想，從生活經驗來。

李金振從小的生活歷練，就是知難行易的生活寫照。

自小挑重擔不需研究知，只要挑著擔子走就行了，因此養成一種力行的思想。

原來從週一到週五，每天都在教室裡、樹蔭下讀書，真是享受。他說一週讀書五天是一件輕鬆的事，好像放假一樣，每天穿襪子、穿鞋子上學校去，還有白米飯吃。但是到了星期六、星期日就要回家種田，上山下海，情況完全不一樣，不但要忍受生活的拖磨，而且還沒有飯菜可吃。

李金振從小的生活歷練，就是知難行易的生活寫照。自小挑重擔不需研究如何知，只要挑著擔子走就行了，因此養成一種力行的思想。大學畢業後，他不斷地讀書進修，即使已是教授還去讀博士；這時進入另一種境界，就是為求真知的精神。

真知力行，
把 國父學說用在創校

所以李金振把真知力行作為校訓是有道理的，與 國父的思想若合符節，並且用之於行事。

李金振說：「我要求同仁，就像足球賽一樣，球做到球門，若沒有踢進，必須重新發球，這樣就白白浪費了力量，豈不可惜？因此要算好時間和速度，也就是說要算好時機，在什麼時間點做什麼事，先籌備好，事先分工合作很重要。有些事不知而行，有些事知而後行，有些事行而後知。」

譬如金門大學升格的事，他要求各系所、行政單位實現不同的目標，各自分工合作，好像一件作品，各部門專心做好自己的零組件再來組合。改大的時候只有少數核心主管知道，這些核心人士是知而後行，其他的人按照分工行事是不知而行，等到改大成功才恍然大悟的人，是行而後知。

事成後，李金振反而過來恭喜同仁們完成了這個作品。

改大為何能成功呢？因為他參考成大籌備醫學院的成功模式，也就是先有知。

拷貝成大成功經驗，
創校事半功倍

有了成大的成功經驗作基礎，腦海中就有立體的架構，知道成功的要件和個中的難題，照著範本力行，不僅可以減少錯誤，而且收到事半功倍之效，這就是知而後行。

李金振鼓勵學生讀偉人的傳記，雖然時代不同，但很多方法可以活用。他也拷貝了成功的經驗，整個創校歷程真正體現了真知力行的精神，像 國父革命一樣：「吾心信其可行，雖移山填海之難，終有成功之日；吾心信其不可行，雖反掌折枝之易，亦無收效之期。」

國父革命經歷十次的失敗，終底於成，所憑恃的就是堅定不移的信心。

信心是一切力量的泉源，也是成功必須具備的條件。李金振之所以能夠成功創立金門大學，不屈不撓，就是抱持了 國父的革命精神──信心的力量。

21 17年來，
地球不知繞了幾圈

如今他期滿卸任，老子説：「功成，名遂，身退，天之道。」
李金振今天榮退，可以説功成，名遂，而近於天道了。
一個人一生只要做對一件事，就可以有了交代。
他以創立金大為一生的代表作，將與金門歷史永流傳；
至於流風餘韻，就留與後人憑説了。

李金振任教成大20年，1997年返鄉之後，一晃17年過去了。這17年之中他歷經三個階段：第一階段是金門分部主任6年，一任3年，擔任2任；第二階段是金門技術學院校長7年，第一任3年，第二任4年；第三階段是金門大學校長4年，2010年8月1日到2014年7月31日。

這17年當中，他經歷了9位教育部長：吳京、林清江、楊朝祥、曾志朗、黃榮村、杜正勝、鄭瑞城、吳清基以及蔣偉寧。

17年來披荊斬棘，
從無到有艱苦備嘗

金大的校長到底與台灣其他國立大學的校長有何不同？

17年當中，李金振從一紙核定金門分部的公文到創立了金門大學。一般人也許只看結果，以結果來論成敗，但是17年來李金振披荊斬棘，從無到有，真是艱苦備嘗。「我覺得一個人應該要抱著做事的態度，而不是做官的心態，因為做官憑資格、有任期，任期到了就結束，重新回到原點。但做事靠能力和熱忱，沒有任期，只要肯付出，是一輩子的事。」

也唯有抱持著做事的態度，他才有勇氣繼續走下去。

李金振說金門大學的校長跟台灣其他國立大學校長最大的不同，是台灣絕大多數的大學已經都有規模了，校長在原有的基礎上發展，猶如駕駛有軌道的列車，學校兼具各項成熟的機制，又像是自動化的駕駛。但李金振完全不同，學校從無到有，一花一草，一樹一木都得從頭來過，任何問題都要他出面爭取、協調與解決。所以李金振說：「我不是坐在校長室的校長，而是走出校門，走向世界的校長。」

為了籌備建校基金，在地方上他要不斷跟金門縣政府、縣議會打交道。為了私有地的徵收，要和地主協議價購，有時去登門拜訪，地主人不在，等一下再去，又撲了空，終於找到了人協議價購，家族成員卻有些在台灣，必須另外擇期溝通協調。

17年來，李金振跑遍世界各地，一點一滴累積了
今天的成果。圖為下南洋拜會丹斯里拿督斯里楊
忠禮博士。

為了改大，
跑教育部好像在跑廚房

為了設系與改大，他要跨海跑到台灣，跟中央政府報告與說明，因此他說跑教育部好像在跑廚房。教育部的技職司、總務司、高教司、秘書處、部長室、次長室都常跑。有時遇到急件，就備妥公文自己送件到教育部的收發室，掛號後再送到各樓層給承辦人員簽辦，公文有疑義時，他就當場解釋。

即使是科員問話，李金振必定立正站好，不會認為自己是大學校長而端架子。他的想法只有一個，就是要把事情做好，他視教育部的同仁為金大公文批閱流程不可或缺的一環，幫金大解決諸多問題。

李金振說，17年來，每次到教育部，一定先找周以順，共商金大籌備的進度和面對困難的因應對策。周以順足智多謀，待人親切和藹，處事圓融有魄力，是金門人服務教育部的高階鄉親。隨著周以順的升遷，包括國會聯絡處、大陸工作小組、軍訓處、總務司、秘書處，他的辦公室永遠是金大駐教育部的運轉中心，業務繁忙時，門庭若市。李金振很多點子，都是與周以順討論出來的。

> ## What lesson did you learn?
> ## 做官與做事。

他抱著做事的態度，而不是做官的心態，所以發現解決了一個問題，才是另外10個、100個問題的開始。

做官的人怕事多，做事的人肯付出，不怕事。

李金振的努力，獲得馬英九總統（左四）的肯定，特地跑去
李金振老家，向他的老母李王翠（中坐者）致意。

解決一個問題，
才是百十個問題的開始

　　創校之初，籌備工作千頭萬緒，百事待興。李金振處理校務的原則，是把問題逐項解決，當初以為解決一個問題就少掉一個問題，假以時日，終有完成的一天。殊不知解決了一個問題，完成了一件業務，才是另外10個、100個問題的開始。

　　以申請系所為例，金大為擴大經營規模，處心積慮地想辦法爭取增設更多的系所。一旦奉教育部核准，接踵而來的是校舍空間的提供、師資的聘請、設備的採購，以及招生宣傳等一系列的任務。反之若未獲核准，就不會有後續這些籌備的問題。

　　這就是事情愈做愈多的道理。

　　常言道：「一步一腳印」，李金振卻說：「一步一腳印，代表很有效率的作為，凡走過必留下痕跡。這17年來，金門大學的校務推動，不能保證每步都立竿見影，有時走100步也沒有腳印，常常是做白工。但不能因為沒有腳印就不走。」

與鄉親溝通，
奉行三「不」曲政策

再以開會為例，開會三「不」曲——議而不決、決而不行、行而不果，常讓人詬病沒有效率，但是李金振卻說他在協商私人墳墓遷葬問題時，卻常用議而不決來解決問題。就是當會議沒有共識時，不一定要做成決議，因為若一開始就做出相反的決議，勢必要花更多的時間，召開下次會議去否決它。與其如此，不如議而不決。未做成決議，問題如何解決？李金振說：將會議未能解決的難題帶回去做功課，等研究出解決的方法，再發開會通知。

然而下次會議民眾仍會拋出新問題，就再帶回去研究，如此一來一往問題不斷縮小。李金振說，不要小看最後的結尾問題，若沒有耐性收尾，則前功盡棄在所難免。「猶如傷口結痂，若提早剝掉，將面臨流血重來的後果。」

此外，金門要設立高等學府，一開始經建會、教育部、研考會等相關部會長官，認為金門生源不足，要到哪裡去招生呢？因此，多持反對意見。李金振說：大學是向全世界招生的，不是國民義務教育，不必與當地的學生人數成正比。但是中央長官多聽不進去。為了解決這方面的問題，又是另一波與中央對話折衝的開始，李金振說要能把握要領，不能贏了面子輸了裡子，那後果就嚴重了。

> ## What lesson did you learn?
> ## 做大事的人，要能柔順謙下。
>
> 李金振有水的個性，無入而不自得。老子說：「上善若水」，有水的個性的人，善於以柔克剛，善於以下取上，順機而應發，這是李金振成功的祕訣。

李金振將大學定位為向全世界招生，一時曾被諷為理想高遠而不切實際。然而事實證明他的看法與堅持是正確的。現在全校學生有4,000多人，80％來自於台灣，還有港澳生、陸生、僑生以及國際生。當初創校就是把金門大學定位為全球學術分工的一環，立足金門，放眼世界，而與歷史接軌。金大現與國內14所大學如成大、清大、台師大、國體大及大陸、美國等著名大學都有交換學生，每學年有260個交換生的機會。

17年來穿梭金台兩地，
飛機坐了1,700多趟

為了讓學生走向世界，拓展視野，這些年李金振跑了許多地方，如日本琉球、韓國首爾、俄國海參崴、美國佛羅里達州、馬來西亞、新加坡、印尼，以及中國大陸各省等等。每一趟至少10,000公里，簽訂策略聯盟，為學生建立學術交流、為學校建立學術合作夥伴。17年來，往返台灣超過1,700趟，總里程數51萬多公里，可繞地球10圈以上。

李金振有水的個性，無入而不自得。老子說：「上善若水」，有水的個性的人，善於以柔克剛，善於以下取上，順機而應發，這是李金振成功的祕訣，可能連他自己都不知道。

他從小自生活中培養的耐性和毅力，無形中已成為生命的發條，驅動他隨時起而行。他處事的原則是碰到問題就解決問題，碰到困難就解決困難，不製造對立，不製造矛盾，擺出低姿態，不斷的溝通與協商，這是他根植於本性的一種善巧，所以才能關關難過關關過。

李金振說，當年改大訪視委員召集人，成大校長翁政義告訴他，金大改名成功有兩個重大的關鍵：

一、面對100多項改大審查意見，李金振不僅沒有自我辯白，反而照單全收、舉一反三、配合改進。他也沒有強辯，審查委員認為指正意見被尊重，被虛心接受，覺得孺子可教。

二、金門過去半個世紀的貢獻與犧牲，讓審查委員覺得台灣欠金

門一份情，這一份情「難道不必還嗎？」

成立跨院系六大研究中心，服務社會

李金振說金大已經17歲了，17歲是青少年，已經算成年了，脫離了以往的保育期，轉為大人，理應幫忙做點事，分擔些社會責任。於是檢視大學教育的功能，除了培育人才與學術研究外，還要作地方特色的研究，以回饋社會。所以他成立跨院系的六大研究中心：

一、閩南文化研究中心
二、僑鄉文化研究中心
三、兩岸和平研究中心
四、華夏傳媒研中心
五、金門大橋監測中心
六、語言中心

李金振說六大中心的成立，象徵著金大的轉型，由依賴轉為獨立，由受惠轉為付出；領悟到自己誕生的目的，不是為國家增添一所大學而已，而是要來挑重擔、負責任，完成使命的。

What lesson did you learn?
由依賴轉為獨立，由受惠轉為付出。

6大中心的成立，象徵著金大的轉型，由依賴轉為獨立，由受惠轉為付出；領悟到自己誕生的目的，不是為國家增添一所大學而已，而是要來挑重擔、負責任，完成使命的。

真正體踐了
「遇萬難還須放膽，破困局要用智慧」

　　李金振17年創設了5個學院17個學系13個研究所，蓋了11棟大樓，包括綜合大樓、圖資大樓、學生一舍、圓樓、學生二舍、楊忠禮園、學人二舍、理工大樓、體育館、游泳館及活動中心，而且立下了典章制度的宏規，使金大可大可久，具有一定的水準與規模。從書法家陳素民女士贈送的嵌名聯條幅可見端倪：

　　　　金繩鐵鎖橫天際
　　　　振鑠古今照浯江

　　此作為李金振一生事業的寫照，當之而無愧。這位當年借給他行軍床的鄰居，回首來時路，沒想到他們的緣分結得這麼深。

　　17年來，李金振「遇萬難還須放膽，破困局要用智慧。」可說是他辦學與創校行事風格的最佳註腳。為此他付出了慘重的代價，102年突然心肌梗塞差點掛掉，而太太在他退休之前不幸離世，使他愧對一生一世的承諾，成為他此生最大的遺憾。

以創立金大
作為一生的代表作

　　如今他期滿卸任了，老子說：「功成，名遂，身退，天之道。」李金振今天榮退，可以說功成，名遂，而近於天道了。

李金振創立了金大，完成了他此生最大的功德。國立
金門大學六字，是他集自父親的遺墨，父以子為榮。

李金振17年來，建了11棟大樓，是金門大學
的開創者與奠基者。

　　證嚴法師說：「肯付出就是造福，不執著就是智慧。」遇萬難的
膽識只要肯付出，破困局的智慧只要不執著，這是解決問題的一體兩
面。

　　李金振不僅為自己造福，也為金門造福。一個人一生只要做對一
件事，就可以有了交代，而他以創立金大為一生的代表作，將與金門
歷史永流傳；至於流風餘韻，就留與後人憑說了。

金大崛起——魔法校長李金振

校長筆記

　　老子說：「功成，名遂，身退，天之道。」一個人一生只要做對一件事，就可以有了交代，至於流風餘韻，就留與後人憑說了。

22 永恆列車，
駕駛人第一次換手

李金振說：「我只在幫金門圓夢，這是一部永恆的列車，每經過月台，
總有人上下車，但列車仍要繼續向前走，直到永遠。」
如同金大公共藝術作品──「脈脈相連」，
佇立校園，訴說著薪傳與永恒。

金門大學如今已有模有樣了，站在一個有利的基點，她將來要如何發展，歷史要怎麼書寫，現在正處於換手的當口，也是承先啟後的關鍵時刻。

　　李金振第一棒跑得很快，成為一個領先者；所有的苦他已經吃足，所有的汗他已經流乾，所有的氣他已經忍受，所有的難關他已經跨越了。

作為跑第一棒的人，
他留下了美麗的身影

　　他成功的交棒。作為跑第一棒的人，他留下了美麗的身影，無愧此生。

　　現在他要交卸任務了，有些計畫他來不及完成，有些理想他來不及實現，有些心得他來不及表述。17年的時光，對人的一生來說不算短，但對金大的永恆歷史來說，卻只是電光石火的一瞬。因此，他濃

金門大學從無到有，李金振作為開路先鋒，留下了當年借地興學的慘澹經營畫面。

金門分部畢業典禮的歷史鏡頭，金門大學的發展，
就是從這樣開始的。

縮了人生的精粹，作為臨別的期許與想望，希望金大更高、更大、更
遠。

　　李金振常說，今天金大的孕育還不成熟，各項設校條件也沒有完
全到位，只是教育部及全體審查委員的另眼看待，最後做成「准予金
大先畢業再補修學分」的決定，所以改大後還有一條漫長的路要走。
金大如何充實內涵，提升學術地位，提高畢業學生就業率和企業界的
滿意度，發揮社會影響力以及學術領航力，已成為繼任者的使命與挑
戰了。

對於繼任者，
他有4點期許

　　為了完成上述目標，李金振有幾點心得要跟繼任者分享：
　　一、領導能力：金門大學的師資結構，大多由全台各公私立大學

優秀教師延聘或商調而來，也就是說100多位老師，來自於數十多所大學，每個人的出身不同，服務背景不同，想法不同，做事方式也不同。

面對這樣的教師結構，等於集合全國菁英於一堂。因此召開行政、校務等各級會議時，形同是在召開跨校的聯席會議，各種意見紛陳，主席若不熟悉各項校務的底蘊，討論將流於天馬行空。

對於來自各校的老師，李金振相信他們過去的表現都不差，而且經過三級三審制聘請進來，應該是高人一等的。因此，要領導這些各路的優秀人才，校長的高度、深度、廣度、方法與策略，也要高人一籌，走在這些教授的前面。

校長在行政管理上要有相當好的歷練，高人一等的見解，廣納諫言的雅量，辨別意見好壞的能力，不能好的意見都聽不懂，壞的意見總不能警覺，這是原則性的領導問題，未來的校長要多用心。

二、引導研究：大學校長的學術地位，可以提高學校的能見度，社會一般人對於校長的認知，就會影響學校的社會地位。因此，新校長要有學術聲望與領導力，帶領金大進入優質學校俱樂部。

金大新任校長的研究成就，將有利於金大學術水準的提升，他要領導100多位教師進行研究，針對每位教師的領域進行輔導獎勵，除了發表學術論文之外，還要鼓勵老師參加各研究中心，讓每個中心都有充沛的人力資源，挑起社會責任。

三、教學設計：大學要以校長的學術聲望來輔導，並且落實教學核心，教學以學生為本，學生以就業課程為導向，從課程的實質教學

What lesson did you learn?
察納雅言，兼聽則聰。

校長在行政管理上要有相當好的歷練，高人一等的見解，廣納諫言的雅量，以及辨別意見好壞的能力。

內容來設計。

以國科會的專題研究計畫案為例，一個計畫案的補助款，少則一、二十萬元，但仍必須依規定撰寫計畫書、編執行進度、預期目標、配套條件、成果報告，還要進行期中報告與期末報告，寫得非常詳盡，但未曾看到各大學有教學計畫的創舉。李金振盼金大率先實施。

教學計畫案的內容，應包括該課程的教學目標、教學進度、應準備的設備和教具、採用的教材、評量的方式、學生的實作、以及預算的編列等。明確地交代課程將帶給學生什麼樣的能力，隨時檢討學生的學習效果。

四、建立大學城：這是李金振的未竟之功，他一直牽掛與繫念，他有全盤的發展構想，但已時不我予，只有寄望繼任者來完成他的心願。

四埔林場14公頃已全部開發，校舍的分布，開放空間的美化，道路管溝的舖設已經完成，麻雀雖小，五臟俱全。17年來隨著學校的發展茁壯，不斷爭取擴充校地，呈現了具體的成果。

大學城未竟之功，
希望繼任者完成

學校西側原孔廟預定地，決定不蓋孔廟之後，李金振於第一時間爭取為校地，現已變更為文教用地，並完成無償撥用手續，面積逾1公頃，準備興建設計領域的系所院館。

東側原工業用地，決定變更使用後，曾一度公開拍賣。李金振於拍賣倒數計時之際及時阻止，抗議有效，並配合縣府將它變更為文教用地，無償撥予金大使用，面積約1公頃，將規劃為興建健康護理學院院館用地。

當年在這樣的軍事基地，設立了金門分部，如此的
興學條件，實在讓人不看好。

一路走來，從分部到技術學院到大學，隨著學校的
成長，白鷺對此美景，忍不住要來分享成果。

學生二舍後側，有一塊0.4公頃的縣有地，介於校園和農地之間，李金振利用地利之便，成功地完成變更為文教用地和無償撥用手續，並已委託建築師規劃設計國際學舍，地下1樓、地上11樓，將提供1,056床位，計劃於103年7月動工。

眼看金大四埔林場校區四周的縣有地，已相繼併入金大的校園，但李金振最重視的還有校園正前方四四高地兩個營區土地的取得。該營區介於金大與環島北路之間，不僅是金大中軸線的正門位置，也是闢建運動場的理想場所。唯一的缺憾是中間夾有私有地，依照現行的法規，並沒有公有地與私有地互相交換的機制，如果強行徵收將會釀成民怨。

李金振經過多年的溝通與協調，已順利地達成共識。目前縣政府和全部私有地主都同意採用區段徵收的方式來解決問題，並已公告禁建兩年。為了爭取時效，決定循《離島建設條例》的途徑來進行都市計畫的審查，然而前提是目的事業主管機關要先認定為重大建設。

負責認定的機關非教育部莫屬，問題是教育部推辭再三，雖經行政院政務委員兼福建省主席陳士魁、行政院秘書長陳威仁不斷居中協調，但都無功而返。最後經建會決定由教育部負責認定，時間又過了一年，依然沒有下文。

大學城構想
躍然紙上

位於環島北路、環島西路，以及大學路之間的大學城，總面積超過30公頃，透過區段徵收後，地主得領回42.5％的抵價地，其餘57.5％的土地，將規劃為道路、停車場和綠地。

李金振建議將綠地以運動場的方式呈現，也獲得規劃單位的認可。金門縣政府另以地主的身分，將領到的4.8公頃縣有抵價地如數無償撥給金大使用。

李金振在成大服務20年，金門大學的規劃與興建，很多是拷貝自成大，即使是小橋流水，都有成大的影子。

2012年7月3日，拍下了這一張捐地興學紀念碑的畫面，
那是綜合多少心血的結晶。

　　李金振計劃將縣政府所撥用的4.8公頃抵價地集中在校園的正前
方，從環島北路向內規劃依序是校門前廣場、金大校門，走進校門，
中間是一條椰林大道，兩側是古色古香的宮燈教室，可作為國際會議
廳和展覽廳，椰林大道的盡頭是行政大樓，與校門遙遙相望；行政大
樓與大學池之間，東側興建通識教育大樓，提供大一學生的共同科教
室，左側是400公尺長的標準運動場。

　　過去17年金門大學受到各界的重視，知名度很高，感受到一般人
的尊敬眼光，李金振不敢居功。他說，截至目前為止，金大仍在享受
金門既有的優勢與祖先努力的成果。金門大學之所以受人尊敬，是因
為金門過往的良好形象，他說新任校長若能體認這一點，金門大學會
成長更快。

第一任駕駛人到站下車，
永恆列車繼續往前邁進

　　李金振說：「我只在幫金門圓夢，這是一部永恆的列車，每經過一站月台，總是有人上車，也有人下車，但列車仍要繼續向前走，直到永遠。」

　　金大，現在需要一位新領航員，他將來走得多深、多遠、多廣，要看繼任者站在甚麼高度，擁有甚麼視野，具有怎樣的領導器識與氣魄。

　　第一任的駕駛人已經到站下車了，他為家鄉無怨無悔地付出，完成了他的歷史使命，鄉親也無須求全責備。至於新的駕駛人2014年5月21日已遴選產生，黃奇博士脫穎而出。李金振期望新任校長開大門走大路，廣納各界人才、資本、制度，帶領金門大學這一輛永恆列車繼續往前邁進。李金振同時期勉所有參與創校的金大師生和各界人士，人生也有涯，以有限的生命，搭上永恆的列車，將隨之永恆，熠熠生輝。

> ## What lesson did you learn?
> 永恆列車繼續往前邁進。

　　人生也有涯，以有限的生命，搭上永恆的列車，將隨之永恆，熠熠生輝。

23 承先啟後，帶領金大攀上高峰

金門大學要不斷茁壯，
中央政府、地方政府與海內外金門鄉親，構成了她的三大支柱。
因此，金門大學的發展絕不能金門化，
繼任者應有宏觀的視野、厚實的學術聲望、堅卓的領導能力，
在既有的基礎上，帶領金大「發上等願，擇高處立，向寬處行。」

校址原是砲陣地，
今已成為培育兩岸人才的搖籃

金門以前是一個戰爭的島嶼。

1949年大陸撤守之後，兩岸的對峙、肅殺的對抗，使金門成為一個凶險的兵家必爭之地，讓人望而生畏，裹足不前。然而2001年1月1日兩岸實施小三通後，隨著時代的改變，潮流的改變，思想的改變，金門現在變成兩岸和平交流的平台。

人者心之器，因此，善念動了，就開了善門；惡念動了，就開了惡門。金大校園的前身是四埔林場，以前有一座砲陣地，重砲瞄準專打廈門，可是心念一改變，她從殺人的砲陣地，變成今天培育兩岸人才的搖籃。

歷史的巨輪走向，是由人的意念所決定。在這個歷史的轉型當口，金門大學成立了，她標誌一個舊時代、舊思維的結束，一個新時代、新思維的誕生；並且由一位戰後嬰兒潮出生的人掌舵，體現其執行力，實在具有劃時代的意義。

一部兩岸和平史，
就是一部金大發展史

因此，金門大學的誕生是兩岸從戰爭走向和平的接軌，是承先啟

> **What lesson did you learn?**
> 金大誕生的意義。

金門大學選在天時、地利、人和的最大公約數下誕生，肩負時空交錯累積下來的使命。
她標誌一個舊時代、舊思維的結束；一個新時代、新思維的誕生。

四埔林場當年是一個砲陣地，有一門重砲專門打廈門。
今天在金大讀書，你很難想像吧？

後與知識文化的接軌；所以金門大學選在天時、地利、人和的最大公約數誕生，不是為了拚政績，而是要肩負時空交錯累積下來的使命：

一、歷史的承載：朱熹在858年前，相傳在金門太文山設帳講學，創辦燕南書院，比英國牛津大學的創立還早。朱熹過化影響金門的人文思想與學風，於今世世不絕。因此，教育文化是千秋萬世的大事業。

金門大學的創立，不僅承載了燕南書院的傳承，也承載了朱子閩學宗風的文化傳統，具有深刻的文化意義。

李金振因緣際會，上承朱子燕南啟道，下開金門教育文化的大江大河，這是千載難逢的歷史機遇。

漢儒董仲舒所謂：「計利應計天下利，求名當求萬世名。」李金振於無意中得之，豈不快哉！

閩南、戰地、僑鄉文化，
是金門三大歷史基因庫

　　二、文化的承載：金門是閩南文化、戰地文化與僑鄉文化的基因庫，這些文化有它的傳統性、地域性、時間性與特殊性，有些是中國固有的特色，有些是世上碩果僅存的瑰寶，有些是兩岸爭鋒的歷史產物，是屬於人類知識文化的一部分，應該好好研究與傳揚。

　　三、知識的承載：金門的歷史，因為有金門大學的設立，使她從戰爭悲情之中脫困而出，與世界的知識、文化、文明接軌。有一天金門發展成為一個大學島，人文與思想的發皇，無一不以金大的設立為濫觴。

　　四、情感的承載：金門大學的成立，是海內外金門鄉親的渴望，出錢出力共同締造的成果，她有地瓜的精神，承載了金門人滿滿的鄉情。因此，金門大學要立足金門，放眼兩岸與世界，挾著知識的力量，站穩世界的舞台，讓金門的聲名與金門人的精神，隨著金門大學走出去。

金大是在這樣的軍事基地發展起來的，當年的隆隆砲聲，換來今日琅琅的讀書聲。

金大的發展能有今天，吳清基（中立致詞者）
在幕後默默幫助，居功厥偉。

　　五、願景的承載：金門大學的創立，標誌著兩岸從鬥爭廝殺進化
成和平交流的里程碑。因此，金門大學應發揮地理區位的優勢，厚植
學術文化的能量，與廈門大學成為兩岸學術的雙子星，為兩岸的繁榮
與發展、和平與交流，作出一番更大的貢獻，寫下歷史的新頁。所以
一部兩岸和平史，就是一部金大發展史。

　　金門因為戰爭而受苦，也因為戰爭而得利，這是老子禍福相倚的

What lesson did you learn?
一部兩岸和平史，就是一部金大發展史。

　　金門大學的創立，標誌著兩岸從鬥爭廝殺進化成和平交流的里程
碑。金門大學應發揮地理區位的優勢，與廈門大學成為兩岸學術的雙
子星，為兩岸的繁榮與發展、和平與交流，寫下歷史的新頁。

金大同樣是和平崛起，沒有兩岸和平，就不會有今日的金大；從金門隔海眺望廈門，只見高樓拔地而起，請問「我們還打嗎？」

理論，沒有1949的兩岸分裂，不可能有1952年胡璉將軍創立的金門酒廠。金門酒廠現在是金門的金雞母，成為金門人的幸福基礎。

　　沒有1949的兩岸分裂，就不可能有2010年金門大學的成立，這是顯而易見的事情。因此，金門大學的發展，要成為金門知識經濟產業，精神文化的支柱，知識的前導明燈，與金酒各擅勝場，相互媲美。

人生美好的仗
已經打過

　　李金振校長人生美好的仗已經打過了，他的建樹都在校園的一花一草、一樹一木、一磚一瓦；他的功績劈空而出，都寫在創校歷程的點點滴滴、典章制度、南向募款以及學術交流。如今他卸下仔肩，完成他此生最大的功德。

戰後嬰兒潮出生的金門人，當兩岸砲火互轟的時候，廈門
沿海跟中國大陸的前途一樣一片漆黑；但是當和平到來，
廈門入夜燈火熒煌，象徵著中國的和平崛起。

金門大學需要不斷茁壯，中央政府、地方政府與海內外金門鄉
親，構成三大支柱，金門大學的發展指日可待，繼任者宜有宏觀的
視野，在既有的基礎上，帶領金大「發上等願，擇高處立，向寬處
行。」

從朱子在太文山上燕南書院的絳帳笙歌，從胡璉將軍的今日樹
林、明日儒林，到李金振校長的蓽路藍縷、以啟山林。800多年紫陽
真氣的孕育，靈氣最後注於四埔林場而結穴，從此金聲而玉振。金門
大學的興起何其困難，是經過多少砲火的錘鍊、血肉的交迸，才終底
於成的。

回首來時路，當滿天的砲聲化為琅琅的讀書聲，隔海坐看廈門大
樓平地起，瞭望兩岸的前景，從歷史的轉型之中找到了它的歸趨，我
們終於可以說：「金門是一個和平的書香之島。」

金大永恆歷史列車首次換手由黃奇博士接長。

校長筆記

清代左宗棠題於江蘇無錫梅園的詩句：
發上等願，結中等緣，享下等福；
擇高處立，尋平處住，向寬處行。
左宗棠是一代名將，雖然過了100多年，他的嘉言，仍有深刻的啟發作用。

國家圖書館版品預行編目資料

金大崛起：魔法校長李金振 / 李福井作.
– 初版. – 國立金門大學，
　2014.08
　　面；　公分
　　ISBN 978-957-11-7698-7(平裝)

1.李金振 2.傳記

783.3886　　　　　　　　　103012619

金大叢書 1

金大崛起
——魔法校長李金振

作　者	李福井
總 編 輯	邱英美
編　輯	李瑾珊・王詠萱・鄭大行・陳彥如
校　對	李金振・李福井・陳金雄
	陳德翰・李錫捷・李金譚
視覺設計	翁翁
美術編輯	不倒翁視覺創意工作室
封面題字	唐敏達
照片提供	曾逸仁・李福井・李金振・吳家箴
	吳雪燕

發行單位	國立金門大學
發行地址	(892)金門縣金寧鄉大學路一號
網　址	http://www.nqu.edu.tw
電　話	082-313-306　FAX 082-313-304

總 經 銷	五南圖書出版股份有限公司
地　址	台北市和平東路2段339號4樓
電　話	02-27055066
傳　真	02-27066100　郵政劃撥 01068953
網　址	http://www.wunan.com.tw
電子郵件	wunan@wunan.com.tw
戶　名	五南圖書出版股份有限公司

台中市駐區辦公室/ 台中市中區中山路6號
電　話　04-2223-0891　　傳真 04-2223-3549
高雄市駐區辦公室/ 高雄市新興區中山一路290號
電　話　07-2358-702　　傳真 07-2350-236
顧　問　林勝安律師事務所・林勝安律師

出版日期	2014年8月
初版一刷	18開本・全彩・平裝・324P
定　價	新台幣450元整
G　P　N	1010301299